Immanuel Wallerstein

イマニュエル・ウォーラーステイン

世界を読み解く

2002-3

山下範久●訳

Yamashita Norihisa

藤原書店

Immanuel Wallerstein

Reading the World, 2002-3

日本の読者へ

イマニュエル・ウォーラーステイン

二〇〇二年から二〇〇三年の初頭にかけての世界は、イラクに対する合衆国の軍事行動の問題に支配されていた。結局、それは実行に移され、とりあえずは「成功」した――もっとも、それは「成功」をサダム・フセイン政権の打倒と定義すればの話だが。しかし、本書に収められた諸評論《コメンタリー》が対象としているこの十五カ月間をふりかえるに、問題はむしろ、この純粋に軍事的な結果をもって「成功」の定義としてよいのかどうかということである。

まずもって、〔戦争の〕動機の問題がある。合衆国は、この軍事行動を正当化する議論を、次々と繰り出した。それらのなかで最も前面に立っていたのは、イラクの体制が、いわゆる大量破壊兵器を所有しており、それは、当該兵器の廃棄を求める国連決議に反するものであるという主張であった。この議論は、世界共同体の大部分に対しては、十分な説得力を持たなかった。合衆国の立場に長らく敵対してきた国々や、合衆国の立場に不安を感じてきた国々ばかりでなく、伝統的に合衆国と最も近い立場にある同盟諸国のなかにも、この合衆国の主張に納得しない国が出てきたことは、きわめて注目すべきことである。

こういった不安感が、事実上《デ・ファクト》のパリ＝ベルリン＝モスクワ同盟へとつながっていった。この同盟は十分な力を発揮し、合衆国は、その軍事行動に対する国連の承認の獲得を阻まれることになった。それにもかかわらず合衆国は、イギリスと協同して、このような国際的正統性の欠如を無視し、ひとたび彼らの政治的・軍事的目標――バグダッドの体制転換――が達せられれば、世界のその他の諸国は事後的に合衆国の行動に追従し、支持するようになるだろうとの希望と期待のもとに、その行動を押し通そうと決め込んだ。

二〇〇三年六月の時点で、西側世界の政治的亀裂は、手詰まり状態にあるように思われる。合衆国が、イラクにおいて、最小限の秩序となんらかの望ましいかたちの政治体制の移行を実現するのは、かなり困難な状況である。世界のその他の諸国は、依然として、合衆国の行動が、賢明なものであるとも、実際たしかに成功であったとも得心はしていない。要するに、戦争に先立って〔世界システムの〕ジオポリティクスにおいて進行していた構造解体過程は継続しており、最終的な展望も不透明なままなのである。またイラクが関心の焦点となったその一方で、北東アジア情勢に対する、この紛争のインパクトは、きわめて重大である。おそらく、長期的に見れば、同地域における将来の事態の展開は、イラク情勢をさらに上回る重要性を持つだろう。

本書に収められた諸評論《コメンタリー》は、この〔近代世界システムの〕ジオポリティクスの転換点において、さまざまな勢力が、世界を舞台にどのような行動をとっており、その背後にある論理が何であり、またその動機が何であるかについて、説得力のある説明を与えようと試みたものである。そしてそれは、長期的な歴史において、直近の状況を理解しようとする試みである。

二〇〇三年六月

世界を読み解く　2002-3／目　次

日本の読者へ 001

二十一世紀——これからの六カ月（2002.1.1）…… 013
ブッシュ政権には最も重要な資質が欠けている。世界諸国それぞれの固有性を理解する能力のことである。

二十一世紀——これからの五年間（2002.1.15）…… 020
最近ワシントンでは、今後の五年に関する重要な決定はすべてアメリカが下してゆく、と考えられているらしい。

ポルト・アレグレ、二〇〇二年（2002.2.1）…… 026
オルタナティヴな世界は可能性としてある。しかしそれは決して確実性としてあるわけではない。

ダヴォス対ポルト・アレグレ　第二戦（2002.2.15）…… 032
今年のダヴォスは、ポルト・アレグレの言葉を真似ようとしている。よく言われるように、模倣は最大の賛辞なのである。

なぜNATOなのか？（2002.3.1）…… 038
合衆国はNATOを軍事的なお荷物とみなしているのである。

イスラエル／パレスチナ——和平は可能なのか？（2002.3.15）…… 045
フィフティ・フィフティの協定に持ちこむには、計画だけでなく、ある種の情熱や互いの消耗、そしてある程度の外圧が重要である。

イラク——いかに大国は自滅するか（2002.4.1）…… 051
イラクに侵攻すれば、どこの国にとっても悪い結果しか残らないが、最も損をするのはまさに合衆国である。

反抗——超大国《スーパー・パワー》なにするものぞ（2002.4.15）…… 057
合衆国の覇権は今や混迷のなかにある。これはシャロンが世界に与えたメッセージである。

フランス大地震？（2002.5.1）…… 064
ヨーロッパ各国の社会民主主義政党の問題は、彼らがこの五〇年間あまりにも中道に、あるいは中道右派にさえ近寄りすぎたことである。

イスラエル／パレスチナ――事態の険悪化（2002.5.15）…… 070
中期的な展望は誰にとってもよいものには見えない――イスラエルにとっても、パレスチナにとっても、ユダヤ人集団にとっても、アラブ諸国にとっても、そしてアメリカにとっても。

移　民（2002.6.1）…… 076
われわれはひとびとの移動という観念についての硬直した考え方を本気で捨てにかからなければならない。

前提条件、権力、そして平和（2002.6.15）…… 083
もし「テロリズムに対する戦争」が、弱い集団による暴力の行使をやめさせようとするものであるなら、それは風車に突撃するドン・キホーテのようなものだ。

先制攻撃――その政治的賭け金と倫理的賭け金（2002.7.1）…… 090
先制攻撃による戦争は取り返しのつかない行動である。

裁判官で陪審員、かつ騎兵隊（2002.7.15）…… 097
冷戦の終わりは、合衆国の右派による「国際主義」への参加の終わりを画するものでもあった。

日本と近代世界システム（2002.8.1）…… 103
日本は近代世界の基本的な文化的現実――あらゆる国が文化的な混交から逃れられないということ――に適応する必要がある。

イギリスと近代世界システム（2002.8.15）…… 111
イギリスはヨーロッパにおける多文化主義のモデルにもなりうる。

ジョージ・W・ブッシュ――オサマ・ビンラーディンの筆頭代理人（2002.9.1）……116
合衆国執行部のタカ派がかくも強く望むこの結果は、世界における合衆国の政治的影響力を――しかもまずもって同盟国と友好国に対する影響力を――最も素早く確実に喪失させるものである。

九月十一日、一年後（2002.9.15）……124
中東における次に起こされるこの爆発から予期しうるのは、熱狂的なイスラム（原理）主義者と抑圧的な将軍たちだけである。

決議の戦い（2002.10.1）……131
第二次アメリカ・イラク戦争は国際世論の動員をめぐる小競りあいを展開している。それは諸々の決議間の戦いである。

長期持続《ロング・デュレ》から見たアメリカ・イラク戦争（2002.10.15）……138
一九四五年から今日にいたるまでの間に、公となっている核兵器の所有国は一カ国から八カ国になり、これから二〇年後にはその数は二〇を超えているだろう。サダム・フセインがいようがいまいが、イラクはそのうちの一国となっているであろう。

ルラ――恐怖を克服した希望（2002.11.1）……144
世界が合衆国のイラク侵攻とそれに伴う混沌とした騒乱に直面する今、ルラの当選は反撃の狼煙となろう。

ブッシュ――希望を征服した恐怖（2002.11.15）……150
注目すべき興味深い事実は、彼らが短期の計画表と長期の計画表を持っているが、中期の計画表は全く持っていないということである。

Aciu!――大事をよそにうつつを抜かすブッシュ（2002.12.1）……157
政治的な混沌のなかにある世界は一つの帝国世界ではない。われわれはみな、この基礎的事実を自らの意識によくしみわたらせるべきだ。

多国間主義《マルチラテラリズム》の政治学（2002.12.15）……164
「多国間主義《マルチラテラリズム》」の巧妙な仕掛けがどう作用するかといえば、第一に、それによって目的の正当性に関するあらゆる現実的な議論が除去されるということである。

今後一〇年の北東アジア（2003.1.1）……169
世界情勢への北東アジアの持続的な影響力は、それが経済的に単一の地域として合意する可能性、さらにそれによって政治的かつ軍事的なアリーナにおける協力的な三国関係を形成しうる可能性にかかっている。

イラクでの戦争は避けることができるのか?（2003.1.15）……174
合衆国はイラクと戦争することを第一の目的としてイラクと戦争しようとしている。

フランスが鍵である（2003.2.1）……180
フランスは今日、合衆国のジオポリティクス上の立場に対して、有意味なインパクトを与えうる、世界で唯一の国である。

正義の戦争（2003.2.15）……189
「かくも無価値な目的にかくも多大な努力が注がれたことは、かつてなかった。」

余　震（2003.3.1）……198
西欧と東アジアからの無条件な支持をあてにできた合衆国の力は、おそらく永遠に失われてしまったものであろう。

すべてを賭けたブッシュ（2003.3.15）……205
合衆国がイラクにおいてすみやかな軍事的勝利を収めたとしても、やはり、ジオポリティクス的には現状がそのまま残るだけなのである。

始まりの終わり（2003.4.1）……212
イラク戦争によって、世界は、新しい世界無秩序の始まりの終わりを画しつつある。

訳者あとがき　220

世界を読み解く

2002-3

●二〇〇二年一月一日 ……………………… NO.80 "The 21st Century - The Next Six Months" Jan. 1, 2002

二十一世紀――これからの六カ月

ブッシュ政権には最も重要な資質が欠けている。世界諸国それぞれの固有性を理解する能力のことである。

アフガニスタン攻撃とその後

合衆国にとって、そして世界にとって、これからの六カ月は特に危険な時期となる。二十一世紀を迎えた今、合衆国による「テロに対する戦争」はどのような段階に入っただろうか。米国政府は九月十一日以降に立てた目的をいくつかは達成したかに見える。合衆国はアフガニスタンのタリバーン政権を壊滅させた。これは、ほぼ空軍力だけでなし遂げられており、米軍の戦死者数も最小限におさえられた。カブールには新しい連立政権が誕生し、実権を掌握した。新政権は、今のところ合衆国の言いつけを守っている。諸外国から断固とした反対もなく、合衆国はすべてを達成した。ヨーロッパや極東の国々も、ロシアも中国も、ほとんどの途上国も反対しなかった。

アメリカの一般市民からも、政府の政策に対する明白な異議の申し立てはなかった。それどころか、ブッシュの政策は、軍事作戦の成功とあいまって、圧倒的な支持をえてきた。共和党の近い将来（十一月に迫っている議会選挙）の見通しはいくぶん明るくなった。もちろん、ブッシュはビンラーディンを「その生死にかかわらず」捕えることには成功していない。捕捉の可能性は日を追って薄れていくようである。ここで失敗すると、間違いなくブッシュのイメージは悪くなるだろう。

合衆国のタカ派は、私の前回のコメンタリー（コメンタリーNo.79（『時代の転換点に立つ』所収））で論じたように、現在の状況を未曾有の好機とみて、やっきになってこれを利用しようとしている。米国政府内の各要人は今のところタカ派を支持しているようだ。彼らの唯一の関心は次の選挙に勝つことだからである。この政治屋たちにとっては、不況の対策に苦慮するブッシュよりも、戦争を指揮するブッシュのほうが票を稼いでくれるように思えるのだろう。そのため、他の地域への軍事攻撃（イラクとソマリアがくり返し指摘されている）がワシントンにおける協議事項の中心を占め、もはや可能性を越えて現実のものとなっている。

タカ派戦略を隘路に導く三つの危機

その一方で、合衆国にとって不都合なことが多く出てきた。まず、第四次インド-パキスタン戦争のきざしがある。テロに対する戦争に軍事力を使うのが正義なら、こちらもまったく事情は同じだと、インド政府は主張している。ワシントンは板ばさみとなった。インドの主張は正当だと認めたいところだが、実際に戦争が勃発すれば、パキスタンはアフガニスタンの国境沿いに配備した自国軍をインドの国境へと転進させる。そうなると、アルカイーダの構成員がパキスタンに流入するのを阻止する希望は失われる。また、ビンラーディンのパキスタン逃亡説が本当だったとしても、こうした状況下では、パキスタン政府はビンラーディンの身柄引き渡しを行なうようなことはしないだろう。インドとの戦闘のさなかに、内乱が起こるような危険を冒すことはできないからである。

では、インド‐パキスタン戦争をどうやって終結させるのか。過去には、ソヴィエト連邦が和平の調停役をつとめてきたけれど、今回もし終結に手間どるなら、パキスタン国内で何が起こるかわからない。パキスタン政府の転覆がビンラーディンの目的のひとつであったことを思えば、合衆国の手は縛られたも同然である。しかし、アメリカに、もともと打つべきまともな手段などあったのだろうか。

そして、ささやかながらアルゼンチンの問題がある。米国財務省とＩＭＦ（国際通貨基金）の貪欲と頑迷のために、事実上この国は破産した。経済的なインパクトについては、おそらく、他のラテン・アメリカ諸国、さらには世界経済に、それが波及しないようにすることはできるだろう。しかし、中産階級によるこの革命が範例となって、よそに飛び火しないと言えるだろうか。ＩＭＦの気違いじみた勅令に抵抗したいと思う人びとは世界中にいる。アルゼンチンの惨状を見て、かれらの確信はさらに深まるだろう。

イスラエル／パレスチナ紛争を忘れてはならない。これほど絶望的な状況はいまだかつてなかった。事態の鎮静化のために緊急対策が望まれるが、政治的な合意がえられる見込みはない。現イスラエル政権は対策を交渉する気さえなく、ましてやパレスチナ国家の樹立など考えてはいない。〔イスラエル政府の〕タカ派もこの機に乗じて合衆国と労働党に圧力をかけている。つまり、真に実効性のある条約をパレスチナの代表、すなわちパレスチナの民衆、と結ぶという考えはきっぱり棄てろということである。

このように、アメリカと世界は一触即発の状況を同時に三つかかえていて、そのいずれにも米国の軍事力は効果を発揮しない。アメリカに残された道は外交だけである。しかし率直に言って、ブッシュ政権はそれほど外交手腕に長けているわけではない。彼らには最も重要な資質が欠けているからだ。その資質とは世界諸国それぞれの固有性を理解する能力のことである。

イラク攻撃に向かうアメリカのタカ派

こうした状況下で、アメリカに何ができるだろうか。二つの選択がある。〔ひとつは〕うまくいくことを願って、ほとんど何もしないこと。〔もうひとつは〕フランス語で fuite en avant〔破れかぶれの前進〕と言うように、どこかで新たに激しい攻撃をしかけ、同時にいくつかの危機を作りだし、一つの問題に注意や関心が集まらないようにしてしまうことである。かくて、ここにタカ派の提案がある——バグダッドを爆撃せよ。〔アメリカがソマリアへ侵攻するとは思えない。侵攻したとして、その後そこでいったい何をするというのか。）アフガニスタンで米軍は外科手術のような鮮やかさで勝利をおさめた。バグダッドに大爆撃を敢行して、同じような勝利がえられるか。まず無理だろう。サダムの軍事力が強大でタリバーンの比ではないからだし、〔イラクには〕北部同盟にあたる勢力が存在しないからである。それに加え、〔イラクの〕近隣諸国はアメリカのそうした軍事攻撃を決して歓迎はしない。トルコが危惧するのはクルド人の動向である。〔イラク攻撃の結果、〕イラク北部にクルド人国家が出現するかもしれず、そうなればトルコの内政への影響は深刻なものとなる。サウジアラビアの基地が〔アメリカのイラク攻撃に〕使われれば、同国は内乱の危機に直面する。そう、イランは喜んでアメリカの作戦に参加するだろうが、そうなればサウジアラビアは狂乱状態となる。ああ、因果はめぐる！

広がるアメリカへの不支持

他の諸国に関しては、近ごろ世論調査機関の「ピュー・リサーチ・センター」が行なった調査を見ることにしよう。同センターがインタビューしたのは世界のエリート、ビジネス界や政界・マスコミなどで指導的な立場にある人びとである。フランス・ドイツ・スペイン・イギリス、ポーランド・ロシア・ウクライナ、アルゼンチン・ブラジル・メキシコ・ベネズエラ、バングラデシュ・インド・日本・韓国・フィリピン、エジプト・パキスタン・トルコ・ウズベキスタン、ナイジェリア・南アフリカ——以上の国々を網羅している。調査によると、合衆国では五〇％がイラクへの侵攻を支持している。しかし他の諸国での支持は二九％しかなく、この傾向には世界各地でばらつきがない。アメリカが世界各国と協調しながら行動していると見る人は、合衆国では七〇％だが、他の諸国では三三％にすぎない。アメリカの政策が九月十一日の攻撃を招いたと考える人は、合衆国ではわずかに一八％だが、アメリカを除く世界では五八％を占める（最も低い数値を出したのは西ヨーロッパの諸国で、三六％だけだった）。そして、じつに多くのエリートたちが（合衆国を含め、世界中でかたよりなく）七〇％という圧倒的数値を示して、次のように信じている。アメリカ自身が「攻撃を受けやすく、傷つきもすると感じる」のは合衆国にとって良い薬であると。（参照 http://www.people-press. org/1219rpt. htm）

このように、合衆国のタカ派は世界のエリートたちから支持をえているわけではなく、支持の高まりを期待することもできない（普通の人びとからの支持がさらに低いことはいうまでもない）。アメリカ国内でも、タカ派が絶対的な支持をえているわけではない。サダム・フセインの打倒はいともたやすいなどとは決して思っていない米軍将校がかなりいる。九月十一日以来、アメリカの一般市民がベトナム症候群に悩まされることは、もうないかも知れない。しかし私が思うに、米軍はまだベトナムを忘れてはいない。戦争が長引けば米軍は消耗を強いられ、やがて国民の支持を失う。よく言われるように、明確な政治目的のない戦

「ベトナム」は忘れられたのか

争は泥沼である。米軍は決して踏みこみたくないはずだ。さらに、アメリカの多国籍企業群は概して、タカ派の行動が経済的・政治的に何をもたらすか不安に思っている。

それにもかかわらず、やるなら今しかないのである。これからの六カ月は決断のときである。予想を不可能にする要素は数多い。大規模なテロ攻撃がまたあるだろうか。経済はこれから急激な下降を見せるのか。アフガニスタンの新政権は分裂しないか。私たちは重大な危機のただ中にいる。そして、この六カ月を乗りきってはじめて、続く五年間の危機について考えることができるのである。

●二〇〇二年一月十五日NO.81 "The 21st Century - The Next Five Years" Jan. 15, 2002

二十一世紀——これからの五年間

最近ワシントンでは、今後の五年に関する重要な決定はすべてアメリカが下してゆく、と考えられているらしい。

アメリカが夢想する「無敵の繁栄」

これからの五年間は、合衆国が世界システムに占めるジオポリティクス上の地位に決定的な意味を持つことになる。最近ワシントンでは、今後の五年に関する重要な決定はすべてアメリカが下してゆく、と考えられているらしい。その政策を見ると、あたかも米軍は無敵であると世界中に自慢して歩いているかのようだ。いまアメリカ政府はこう信じている——米軍が無敵であれば、アメリカ企業の主要な経済利益が守られ、アメリカ市民と施設に対する攻撃はなくなる——つまり、かつてのような無敵の繁栄を取りもどせると信じている。

アメリカの手を離れるヨーロッパ

だが事実は異なる。基調となる三つの決定が、アメリカ以外の手によって下されようとしている。いずれも、米国政府の自分勝手なシナリオにきわめて大きな影響を与える可能性がある。第一の決定はヨーロッパで下される。ユーロ通貨への移行が信じられないほど順調だったことは、多くの人びとにとって驚きだった。実際、ここまでうまく行ったからには、スウェーデンとデンマークは二〇〇三年に、イギリスは二〇〇四年に参加することになるだろう。そうなれば、その他の国々も参加したいと声を上げるだろう。もっとも、承認されるまでには時間がかかるかもしれない。

その効果が経済と政治の両面に現れる。経済的効果は、ユーロがドルとならんで世界の準備通貨になることである。三五年前にドル‐金の固定相場制が終わって以来、ドルは唯一の準備通貨だった。これがアメリカに巨大な経済的利益をもたらし、アメリカは実質的な収入をはるかに越えた高い生活水準を維持することができた。第二の世界準備通貨が〔現れたことが〕ジオポリティクスに与える影響は明白だ。いつの時代でも、金融支配こそがヘゲモニー国の最後の砦だからである。

ヨーロッパは失敗するだろうか。そういうことがあるかもしれない。だが、いまのところ心配なさそうだ。欧州連合（EU）は、その厄介な〔意思決定の〕構造を改定する作業に入るため、会議の開催を決めた。準備作業の采配はヴァレリー・ジスカール＝デスタンに任せた。理想的な人選だろう。かれはこの仕事に信念をもっているし、全ヨーロッパに信望がある。しかも政治・外交がたいへんうまい。アメリカに脅されて、信念を曲げることはないだろう。ヨーロッパにとって必要なのは、二つの最低条件――政治責任をとれる中央の意思決定機関の創設と、基本的な決定についての各国の拒否権の廃止――を具えた構造を創り出すことであるのは明白である。

数多くの困難な交渉が必要になるのは疑いない。将来、多数票に負けることを恐れる各国政府は自国の長期にわたる利益を確保するため、EU内で現在ある力を行使しようとしているからだ。しかしEUの構造を強化することは可能だし、最近の雰囲気はよくなっている。ここ五年のうちに構造改革されたEUが登場し、しかも規模を拡大している可能性が高い。さらに、中・東欧諸国も初めて、NATOの一員でいるよりもEUに参加するほうがずっと重要だと考えるようになるだろう。

世界不況の可能性とアメリカの脆弱性

意思決定が行なわれる第二の主要な場は世界市場である。私は、「市場」というものが何か魔法のような自律の能力をもった存在であるとは信じていない。私が信じているのは、アメリカのような強力な国家であっても、起きる出来事を制御する能力にはかぎりがあるということである。大きな問題は、現時点の景気後退が一年以内に終わるようなちょっとした通過地点にすぎないのか、それとも少なくとも五年間は続く深刻な世界不況の入口なのか、という点である。

世界中の新聞が毎日のように、政府高官・銀行家・経済学者など各分野の専門家の見解を載せている。昨年、私はそれらを数多く読んできたが、しかして私にいえるのはその見解がばらばらだということだけだ。いまのところ意見の一致はなにもない。真偽の保証はないが、株式市場がすぐに回復するより、深刻な世界規模のデフレが到来しそうだ。もし本当にそうなれば、だれもがその影響を感じることだろう。世界の三極（アメリカ・EU・日本）にとって、各々がそれを感じるかどうかは問題ではない。そんなことは明らかなのだから。問題はむしろ、三極間の感じ方に違いがあるかどうかの方である。

最も苦しむのはアメリカだろう。理由は二つある。第一に、世界中のどの地域にもまして、アメリカは未来への自信という心理に依存して来たからである。それが過去一〇年の好景気をささえていた。いったんこの自信がほころびると（この一〇年の間、そうした非合理的な自信を示したことのない）ヨーロッパや（甚大な被害をもたらした愚かな心理を一〇年かけて捨ててきた）日本とくらべて、アメリカが経験するゆれのほうがずっと大きいと思われる。

第二の理由は、経済学者がよく指摘する「基盤経済変数」である。この点でアメリカは特に強いと常に言われてきた。私はひとつ大きな理由があってこれを信じていない。（アメリカ企業の）「幹部」層の規模の大きさと、トップ経営陣の収入水準の高さがわざわいして、アメリカがこうむる蓄積資本の流出は最も大きなものとなる。これらの点で、ヨーロッパと日本はより身軽である。もしも深刻なデフレになれば、こういった領域で大規模な経費削減が行なわれるだろう。「ヤッピーの格下げ」を行なえば、アメリカの政治体制はむちゃくちゃになる。

そして、第三の意思決定は世界の貧困地域で下される。上述の三つの極以外の地域はすべて本質的に貧困だと私はとらえている。韓国や台湾・インド・イスラエル、さらにブラジル・メキシコも含まれる。カナダもそうだ。この諸国にとって今のアルゼンチンは眼の前に出没する幽霊のようなものだ。鍋や釜をたたきながらのデモを他の国でも見ることになるのだろうか。アルゼンチンで何が起きたか思いおこしてもらいたい。世界の経済停滞の「副次的な損害」として、アルゼンチンの労働者は腹をすかせ、失業している。アルゼンチンの中流階級が恐怖にかられるのも当然だろう。貯蓄は(エンロン従業員の年金のように)どんどん目減りしてゆく。まさにこうして積み重なった絶望が、今日のアルゼンチンに一触即発の、ほとんど無政府的な状況をもたらしたわけである。

もしこれがアルゼンチンだけの問題なら、アメリカは肩をすくめてやりすごし、他の国々もたいして気にせずにいられるだろう(もっとも実際のところいま起きていることは、まさにそうした反応のようなのだが)。ところが経済がデフレ状態にあるとき、この種の騒乱は伝染しやすい。次にこうした経済状況に陥りそうなところはどこだろう。インドネシアが候補地としてまずあげられる。しかもそれがどんな政治情勢を引き起こすか、全く予測できない。特にインドネシアではそうだといえよう。このような混乱に陥ったところでは、おそらくポピュリストが台頭し、社会は激動する。その行きつく先が（右傾化か左傾化か）少なくとも当初は明確でないこともある。いつまでもつかは計算できないが、クーデターがあるかもしれない。専制的で醜悪な手法によって、権力にしがみつく政府が出てくるかもしれない。ただ、どうなるにしても、「テロ」のない世界とはならないことだけは確かだろう。

このように、ワシントンから見える光景はかなり陰鬱である。しかしワシントンは、まだこの現実に目覚めていない。

●二〇〇二年二月一日 ………………………………………… No.082. "Porto Alegre, 2002" Feb. 1, 2002

ポルト・アレグレ、二〇〇二年

オルタナティヴな世界は可能性としてある。しかしそれは決して確実性としてあるわけではない。

反グローバリゼーション運動の躍進

一九七一年、第一回ダヴォス会議〔「世界経済フォーラム」の通称。ダヴォスはスイスの都市〕が開催された。それは、第二次大戦後の世界のひとびとが生み出してきた諸利益に対して、新自由主義的な立場から、象徴的な（そしてある程度は実際的な）大攻勢を打ち出すものであった。ダヴォス会議は、世界の大企業や銀行の首脳部、政治的指導者、メディアの重要人物といった権力者たちが、互いに協議を行ない、適切な修辞を創りだし、戦略を調整するための会議の場となった。

一九九〇年代の半ばまで、それは驚くほどにうまく機能してきた。ソヴィエト体制（および主だった諸々の親ソ体制）は倒れ、歴史ある諸々の民族解放運動は面目を失ったり規模を縮小したりした。発展という修辞（社会主義の修辞はいうまでもなく）は世界中でグローバリゼーションの修辞にとって代わられ、それは他に選択肢のないものであるとされた。世界中の共産党は社会民主主義の政党となり、今や彼らが支持する市場自由主義は保守政党が支持するそれを単に水で薄めただけのようなものとなった。

ダヴォスの勢力は全力で突き進んだ。ところが突然、彼らは困難に突き当たった。秘密裡に協議されてきた多国間投資協定〔MAI〕は、ある国家の法律が外国企業の活動を制限することを違法とするものだったが、それは一九九八年に頓挫した。原因の一つには、フランスの反対があった。続く年には、シアトルにおいて、環境保護主義者と合衆国の労働組合とが予期せぬ連合を組み、世界貿易機構〔WTO〕が新たな協議を行なうことに対して、きわめて激しく反対のデモを繰り広げたため、協議の続行が不可能となった。しかもこれは主に合衆国のデモ参加者によって達成されたのである。その後も滝の流れのようにデモは続き——ケベック、ニース、イェーテボリ、ジェノヴァ——そのすべてが成功を収めた。

そして二〇〇一年、ポルト・アレグレ〔ブラジルの都市〕の世界社会フォーラムの開催となった——世界中のありとあらゆる種類の組織から一万五千人のひとびとが集まり、「オルタナティヴな世界が実現可能である」ことを主張した。西側の報道機関は懐疑的な目で見ていたが、ダヴォスに集うひとびとにとっては困ったことになった。彼らは会合をより安全な場所へと移すことを決めた——WTOはアラブ首長国連邦のドーハへ、G8はカナダの山奥へ、そして世界経済フォーラムはダヴォスからニューヨークへ。

二〇〇一年九月十一日の攻撃はダヴォス勢力の利益によく貢献した。暴力の危険をはらむ大規模なデモは、「テロリズム」であるとの非難を向けられることで、その立場が脅かされるように思われたのである。厳重に警備されたドーハにおけるWTO会合では、世界の貿易に関する議論が再開された。しかし今、およそ五カ月の時をおいて第二回ポルト・アレグレ会議が開催される。今回は、参加者の数は五万人まで増加すると見込まれている。今回は、世界の報道機関はポルト・アレグレにダヴォス以上の関心を払っている。もちろん、合衆国を除いての話だが。

反グローバリズムと新しい反システム運動

まさに今が、全体をよく考えてみるべきときである。反グローバリゼーション連合の強みは何か？　第一に、世界規模での広範な支持の広がりと深みを示し、ダヴォス勢力の新自由主義政策に対するオルタナティヴがまさに存在することを明確にした。九月十一日は運動を一時的に遅滞させたに過ぎないようだ。

第二に、この連合は新しい反システム的な戦略が実行可能であるということを示した。この新しい戦略とは何か？　これを明確に理解するには、古い戦略とはどんなものであったかを思い出さなくてはならない。さまざまな形態の世界の左翼——共産党、社会民主主義政党、民族解放運動——は少なくとも百年（おおよそ一八七〇年から一九七〇年）にわたって、唯一の可能な戦略は、二つの要素——集権化された組織構造をつくること、そして何らかの方法による国家権力への到達を第一の目的とすること——を含むものであると主張してきた。諸運動は、いったん国家権力に到達したなら自分たちは世界を変えることができると約束した。

一九六〇年代に世界の多くの国でこれら三種類の運動〔共産党、社会民主主義政党、民族解放運動〕が次々と国家権力の座に到達したという意味では、この戦略は大きな成功を収めたように見えた。しかし、彼らは世界を変えられないということもはっきりしてきた。これこそが一九六八年の世界革命の問題意識であった。すなわち旧左翼による世界変革の失敗である。かくして、今や失敗に終わったらしい国家志向型の戦略に対するオルタナティヴを求めて、三〇年に及ぶ議論と実験へと道は続いた。ポルト・アレグレはオルタナティヴの実演である。そこには集権化された組織構造は存在しない。全く逆である。ポルト・アレグレは、国家横断的《トランスナショナル》、国家的《ナショナル》、そして地域的《ローカル》な諸運動の緩やかな連合である。そのそれぞれの優先的関心は多元的で、主として新自由主義的な世界秩序に反対する立場によって結合している。そしてそれらの運動は、大部分が国家権力を目的としたものではなく、仮にそうであっても、彼らはそれを多くの戦術のうちの一つであるという以上のものとしては見ていないし、最も重要なものであるとも考えていない。

ポルト・アレグレの強みはこのくらいにしておいて、次はその弱みを見ていこう。強みは同時に弱みでもある。集権化の欠如は、この先のさらに困難な闘いにおける戦略の調整を困難にする可能性がある。われわれは、そこに代表されている多くの利害間での寛容、互いの優先的関心に対する寛容がどれほど重いものであるかを理解しなければならないだろう。

そして第一の目的が国家権力を獲得することでないとすれば、いったい何が第一の目的であるのか？　これまでのところ、ポルト・アレグレ勢力は主に防衛戦を戦っている――つまりダヴォス勢力がその政策課題を追求することを押しとどめようとしているわけである。これは重要なことであり、また有用なことであり、そして多くのひとびとが数年前に予測していたよりも成功裡に行なわれている。しかしじきにそれだけでは十分でなくなるだろう。真剣で能動的な課題設定が必要になる。トービン税（国際的な資本の流れにおける投機に対抗するもの）の導入、税金逃れのための協定を根絶すること、第三世界の負債を帳消しにすることは、いずれも有用な提案である。しかしそのいずれも世界システムの根本的な構造を変革するのに十分ではない。

ポルト・アレグレ勢力がより明確に行なわなければならないのは、（1）資本主義世界経済の構造的な傾向とそこに内在する弱点を分析することと、（2）オルタナティヴな世界秩序の輪郭を描き始めることである。ある意味、世界の左翼は彼らが十九世紀の半ばにいたのと同じ地点に後退してしまった。ただし、一つだけ、そのときにはなかった利点がある。それは背後にある過去一五〇年の知恵と失敗の経験である。つまり、オルタナティヴな世界は可能性としてある。しかしそれは決して確実性としてあるわけではない。

●二〇〇二年二月十五日No.083. "Davos vs. Porto Alegre: Game Two" Feb. 15, 2002

ダヴォス対ポルト・アレグレ　第二戦

今年のダヴォスは、ポルト・アレグレの言葉を真似ようとしている。よく言われるように、模倣は最大の賛辞なのである。

二〇〇一年、ダヴォスの世界経済フォーラムと時を同じくして、初めての世界社会フォーラムが、ポルト・アレグレで開催された。★ 世界の報道機関は、これをあまり真剣には取り上げなかった。世界の進歩的な諸運動の多くも同様に考えて、そこには参加しなかった。しかし今年は全く違っていた。

「九月十一日」を乗り越えたポルト・アレグレ

九月十一日の影響が、反グローバリズム運動を破壊してしまうとか、あるいは少なくとも萎縮させてしまうことになると考える向きもあったろう。実際、二〇〇一年の十月には、そうなると考えていたひとびとはたくさんいた。しかし、二〇〇二年の二月までには、事態は全く変わってしまっていた。第二回ポルト・アレグレ会議には、少なくとも五万人の参加者が集まった。二〇〇一年の参加数の少なくとも四倍である。また驚くべきことに、二〇〇一年には、かなり小さなものでしかなかったアメリカの代表団は、今回は参加国中四番目に大きなものであった。ポルト・アレグレの雰囲気は、熱狂に流れず、分析的な態度を保持しつつ、それでいて同時に祝祭的でもあった。それは、真剣な会議であり、世界の報道機関も、それを真剣に取り上げた。ダヴォスやかつてのワシントン・コンセンサス〔八〇年代末から九〇年代初めごろにＩＭＦ、世界銀行、アメリカ政府などが主導してつくりあげた市場原理主義的な開発政策パラダイム〕に対抗する精緻で包括的な将来計画を組み上げていくプロセスは順調である。

見離されつつあるダヴォス

他方、アメリカ国務省調査課の調査によって、ニューヨークで開かれた世界経済フォーラムに対するアメリカ以外の各国の報道機関の反応についても、立派な報告が提供されている（http://usinfo. state. gov/admin/005/wwwh2f09. html）。まず、国務省がまとめた要点は以下のとおりである。「世界経済フォーラムに対する海外の論調は、アメリカへの批判と、グローバリゼーションのもたらすメリットへの疑念が支配的であった。〔二〇〇一年のＷＴＯ〕ドーハ会議後は、自由貿易に対する論調は肯定的であったが、今やその論調は一転して、グローバリゼーションの失敗と、その否定的な帰結に焦点は移っている。パウエル国務長官の『世界の貧困に対する戦い』発言には多少の賛意もあるものの、全体としては、アメリカは『グローバルな不平等』の是正に関して不誠実であるという描き方になっている」。

この報告は、「南」の諸国から出ている「左翼」系の論調のことを言っているのではない。記事の抜粋として最初に挙がっているのは、ロンドンの「保守系紙」（国務省がそう名指ししているのである）である『タイムズ』からのもので、「アメリカは、勝利の虎穴に入って、敗北という虎子をつかもうとしているのか？ ニューヨークの世界経済フォーラムにつきまとっている偏執狂的な雰囲気から判断するに、アメリカの政治家、企業家、メディアの解説者らは、集団的神経衰弱に陥る瀬戸際に立っているように思われる」と述べている。またイタリアの「一流経済紙」である『イル・ソーレ・24オーレ』（二十四時間の太陽）からの引用には、「米欧関係における溝が、政治・経済の両面で再び広がりつつある」とある。アイルランドの「中道紙」『アイリッシュ・イグザミナー』は、「世界経済フォーラムの発言者は、次から次へとアメリカを独りよがりの超大国だと非難した」と述べている。フランスの保守系高級紙『ル・フィガロ』は、ミュンヘンのNATO会議に関する記事に「欧州、米にかみつく」と見出しをつけた。

他方、（ロンドンの）『フィナンシャル・タイムズ』紙は、ポルト・アレグレに関する二月五日付の報告記事に、「祭典の背後に本気の理念」と見出しをつけた。小見出しには、「反グローバリゼーション運動のロビー活動が、勢いを回復」とある。同日の同紙における世界経済フォーラムについての報告記事は、「今年は、かつてよりはるかに息苦しい雰囲気で……今日の不確実な世界において、ダヴォスはもはや解答を用意できなくなっている」としている。

ヨーロッパの支持を失うアメリカ

何が起こりつつあるとみようか。三つある。第一に、アメリカのやり方が度を越し始めたということである。それは、以前の友好国をも怒らせつつある。ブッシュ大統領は、サウジアラビアの事実上の支配者であるアブドラ皇太子から受けとった書簡の調子に慌てふためいたようで、アブドラ皇太子を慰撫する返事を出し、閣僚たちが公にとってきた立場のいくつかを実質的に放棄してしまった。NATOの事務総長であるロバートソン卿（元イギリス国防相）がアメリカを公然と批判しているようなご時世では、アメリカの計画や期待通りには、物事は進むものではない。だいたいのところ、ヨーロッパのひとびと（いうまでもなく、その他のほとんどのひとびともであるが）は、「悪の枢軸」演説を無茶な話だと思っている。そういった反対が、アメリカの軍拡の勢いを止めることはないだろうが、その軍備を使用する意図にブレーキをかけることはありうることである。

抗議から真のオルタナティヴへ

第二に、ポルト・アレグレの精神である反グローバリゼーション運動は、デモや抗議行動にとどまらず、既存のものに代わって信頼に値する新しい提案を示し、それに賛成する感情を動員しようとしている。そのヴィジョンをものにするのに必要な政治的重みを、ポルト・アレグレが手にするまでには、まだ長い道のりが続くことになろうが、抗議の声だけをあげるだけの局面は、もはや通過してしまっている。そして今年のダヴォスは、ポルト・アレグレの言葉を真似ようとしている。彼らの一九九〇年代の物言いからすると隔世の感である。よく言われるように、模倣は最大の賛辞なのである。

ポルト・アレグレへの期待

〔第三は、〕世界の政治的中心の姿勢が、大きな不確実性を前提としはじめたことである。基本的に、各国指導者は、これまで完全にダヴォス路線に従ってきたのであり、大半の諸国では、依然としてそのままである。しかし、私はポルト・アレグレで、少なくともひとりの某国元首相に会った。その人物が言うには、「普通なら、私はダヴォスに行ったことでしょう。しかし、今年は、ポルト・アレグレが何を見せてくれるのか、確かめにくることにしたのですよ」と語った。彼は、自ら目にしたものに、不満ではなさげであった。アメリカのリベラルたちは、まだ九月十一日の衝撃に萎縮したままである。しかし、「悪の枢軸」演説以降、クリントン政権の閣僚の一人であったマデレーン・オルブライトが初めて公然とブッシュの外交政策を批判した。そしてヨーロッパのひとびとは、自らもっと強力に主張しなければならないとはっきり感じ始めている。それこそが、国務省による世界の報道調査が示していることなのだ。

世界システムの政治は、今後なお数年の間、不確実な展開を見せるだろう。世界の経済状況の役割も大きいだろう。そしてアメリカ（とイスラエルの）タカ派が何か危険なことをする可能性は依然としてある。しかしポルト・アレグレの諸勢力が懸命に努力しさえすれば、次の一〇年には、すばらしい力を発揮するはずである。

★原注　二〇〇一年二月一日付けの私の時事評論（第五七号）「ダヴォス対ポルト・アレグレ――もうひとつのワールド・カップ？」『時代の転換点に立つ』所収）参照のこと。

●二〇〇二年三月一日

なぜNATOなのか?

No.084. "Why Nato?" Mar. 1, 2002

合衆国はNATOを軍事的なお荷物とみなしているのである。

冷戦後のNATOの存在意義とは?

北大西洋条約機構(NATO)は一九四九年四月四日、一二の「北大西洋」諸国によってつくられた。それは当時においては一九四八年の六月二十四日にソヴィエト連邦が行なったベルリン封鎖への対抗という意味を持っていた。冷戦期を通じて、それは、さらに広く西側世界の中心的な軍事機構となった。であればこう考えてもよかっただろう、冷戦の終わりに際してNATOは解体されるべきだったのではないか、と。しかし実際は全くそうではない。NATOは存在し続けているだけでなく、冷戦期におけるNATOの最大の敵対者であったかつてのワルシャワ条約機構の構成諸国を、新たなメンバーとして迎え入れている。

とすれば、その理由を問われなければならない。NATOはいかなる目的に奉仕しているのか？　何をしようとしているのか？　答えは、その問いを誰に尋ねるかで異なる。NATOの機構としての存続には四つの主要な主体がかかわっている。アメリカ合衆国、その他冷戦期からの構成諸国（一九五二年には一五であった）、中・東欧の新規加入諸国と将来の加入が見込まれる諸国、そしてロシアである。そして四者はそれぞれ異なる展望と異なる動機を持っている。

西欧にとってのNATO

西欧諸国から始めよう。NATOが設立されたとき、それは、それら諸国にとって、ソヴィエト連邦からの潜在的な軍事的脅威に対する軍事的防衛であると考えられていた。またそれは、合衆国の軍がヨーロッパに駐留することを保障し、攻撃や、ベルリン封鎖のような軍事的手段の行使があったときには合衆国がただちにその軍事力をもって参加することを保障するものとみなされていた。確かに、それらいずれの国においても、NATOを好ましくないものとみなしたり、少なくとも熱狂的に支持したりはしないひとびとや運動——共産党、平和主義運動、その他諸々——は存在した。しかしこれらの国々の国民の多数は、明らかにNATOの協定を強力に支持していたということができる。

多少の不平はあった。植民地を有する諸国の政府は、NATOがそれらの植民地領土をもカバーするよう拡大されるべきだと感じていた。しかし合衆国は、ヨーロッパ諸国が諸々の民族解放運動と戦う際に、その軍事的パワーはもちろんのこと、政治的な支持さえ与えたくなかったため、断固としてそれを否定した。NATOは厳密にヨーロッパ／北大西洋地域の紛争にのみかかわるものと定義された。この間つねに、合衆国は、NATO軍の最高司令官として合衆国の軍人をおくように主張してきたが、これは西欧にとっては、当然そういうものであろうという意味においても、また合衆国が協定に参加し続けることの保障となるという意味においても、受け入れうることだと思われた。

〔ところが〕西欧が経済的にも政治的にも強力になり、ヨーロッパ連合の構築が始まると、ヨーロッパ軍というアイデアが真剣に論じられるようになった。フランスとドイツは一九八七年にはこの目的に自らかかわり始めている。合衆国が、そのような考えに対して、全く冷淡であったのは明らかである。絶対的な反対を公式に表明しはしなかったが、このような考えを失速させ、ないしは妨害するためにはあらゆることを行なった。そしてあらゆる西欧の軍事力はNATOに統合されるべきであると声高に主張した。しかしワルシャワ条約機構が解体し、それに続いてソヴィエト連邦自体が一九九一年に崩壊するに及び、ヨーロッパ軍構築へ向けた努力は離陸を始めた。

「ヨーロッパ軍」を警戒するアメリカ

合衆国の立場からは、二つの手だてがとられており、それは主として独立したヨーロッパ軍というものが現れないように考え出されたものである。一つはNATOのなかにヨーロッパ軍のための役割を用意するというもので、ヨーロッパ軍は（主に合衆国軍が）戦争で勝利を得た後の「平和維持軍」となる。この概念はボスニア、コソヴォ、そして今やアフガニスタンでもある程度実践されている。こうしてヨーロッパ軍は、合衆国にとっては自国の世論上、政治的に受け入れがたいような、汚い、不快な、しかし長期的に見ればそう重要でもない「掃討《クリーン・アップ》」の任務に携わることになった。

もうひとつは、NATOの「拡大」であった。なぜこれが重要だったのか？　誰に対する軍事同盟なのか？　中・東欧諸国のNATOへの加盟（すでに三つの国が実現しており、多くの国がその過程にある）は二つのことを実現するためのものである。〔第一に〕それは西欧とロシアのあらゆる政治的／軍事的な同盟関係を不可能とはいわないまでもきわめて困難なものとする。西欧とロシアとの同盟は合衆国にとって最大の地政学的悪夢であり、もうひとつの悪夢、中国の軍事的台頭よりも差し迫ったものである。

第二は、中・東欧の比較的アメリカびいきの部分をヨーロッパ連合の意思決定の機構に組みこませることによって、西欧の政治的・文化的な統一性の維持を困難なものとすることである。ひとたびNATOが拡大したなら、ヨーロッパ連合もまたただちに「拡大」することを迫られ、多かれ少なかれ同じ道をたどる。このような拡大はヨーロッパが強力な政治的中心を構築する力を大きく混乱させるばかりでなく、西欧（合衆国ではなく）の資力が中・東欧の経済的状況の改善に費やされることで、その力を経済的にも弱体化させることになる。

中・東欧とロシアとの「ヨーロッパ」をめぐる綱引き

中・東欧のひとびとはもちろん、喜んで、彼らに与えられた役割をこなしている。彼らは「ヨーロッパ」の一部になることを、そして西欧の文化的同一物として受け入れられることを望んでいる。しかし彼らはアメリカ世界の一部となることをさらに望んでおり、地上の天国であり反ロシアであるところの合衆国に続くものであればあらゆる道をつなげたいと考えている。いかなるものであれ、ロシアがヨーロッパの組織にも含まれることこそは、彼らの最も忌避するところである。

ロシアは無論、すべてを明瞭に把握している。まず、彼らは脅しによってNATOの拡大を止めようとした。しかしこの脅しははったりであり、誰に対しても——とりわけ合衆国には——強い印象を与えることはできなかった。そこで今や彼らはNATOの内部からの方が、より状況をコントロールしやすいだろうと見積もり、裏口から侵入することにした。新たに特別な協定（俗に「一九プラス一」として知られている）がまさに取り決められようとしており、これはロシアをNATOの準メンバーとするものである。

ヨーロッパはロシアを必要としているか

一連の事態に関して二つ疑問が生じる。なぜ西欧諸国はこれを容認しているのか？　そして合衆国が本当に望んでいるのは何か？　第一の問いに答えるのは第二の問いに答えるより難しい。西欧に関する答えにはさまざまな要素がある。いまだ多くの古い世代のひとびと（いうまでもなく政治的な意思決定の上層部では、彼らの意思が大きく反映している）がおり、彼らは合衆国に「感謝」していて、代価を支払うべきだと感じている。また、「野蛮」な状態にある諸国民からの要求に対して、西欧は合衆国を政治的に支持するべきだという考え方に同意するものもいる。

しかしおそらく、より重要なのは、このような直接に地政学的な動機とは全く別に、どこまで、そしてどれだけはっきりと彼らが政治的な統一を進めていくかについてヨーロッパのひとびと自身が確信を持っていないという事実だろう。そして、彼らはロシアをどこまで、どれだけはっきりと自分たちの家に招き入れるかについても確信を持ってはいない。ヨーロッパが自らを世界における比較的統一された政治的・経済的な勢力であると主張するのであれば、当然ながらそれは、ヨーロッパの軍事力を潜在的に増強させる存在としても、またヨーロッパの内部市場において重要な位置を占める要素としても、ロシアが必要なのである。

アメリカはNATOを必要としていない

他方合衆国について言えば、興味深いのは、結局のところNATOを最も必要とせず望んでもいないのは合衆国だということである。合衆国は、主として西欧が合衆国の影響／管理から離れないようにするためにはNATOを必要としているが、軍事的にNATOを必要としているわけではない。九月十一日以後の合衆国の対応は、このことを顕著に示している。九月十三日、ロバートソン卿がＮＡＴＯを代表して、かつて実施されたことのなかった条約第五条に基づく全面的な軍事協力を申し出た。しかし申し出はあっさり辞退された。合衆国はＮＡＴＯを軍事的なお荷物とみなしているのである。コソヴォでは――これはＮＡＴＯの旗のもとに行なわれた戦いであった――合衆国軍は軍事上の決定について他のＮＡＴＯメンバーの承認を得なければならなかった。これは合衆国にとってはありがたくない制約であり、それを繰り返すのは受け入れられないことであった。合衆国は、ＮＡＴＯは合衆国にとって必要ではなく、世界の軍事的状況を合衆国だけで操作できると確信している。ヨーロッパは合衆国に求められたときのみ、兵站上の支援と平和維持活動を行なえばいいというわけである。

興味深いことに、今やＮＡＴＯの堅固さ、そしてその存在それ自体さえもをひそかに掘り崩そうとしているのは合衆国なのである。

●二〇〇二年三月十五日

No.085. "Israel/Palestine: Can There Be Peace?" Mar. 15, 2002

イスラエル／パレスチナ

【和平は可能なのか？】

フィフティ・フィフティの協定に持ちこむには、計画だけでなく、ある種の情熱や互いの消耗、そしてある程度の外圧が重要である。

三つの打開策

戦争状態に終わりが見えたと信ずるのは、いよいよ難しくなってきた。これまでとて政治情勢はつねに険しく、簡単な解決法などありはしなかった。しかし、今日のこの現状にまで至るのが、不可避であったわけではない。その現状とは、近代になって生まれた二つの民族主義運動が同一の土地にたいして権利を主張している状況であるが、それは単に（部分的に重なり合った）限られた範囲の係争地をめぐる主張ではなく、双方ともが、国土全体にたいする権利を主張しているのである。

このような状況においては、それを最終的に打開する方法は三つしかないということは、誰の目にも始めからわかっていたことであった。すなわち、（1）二民族国家を樹立する。（2）どちらか一方が（他方を追い出すか、殺すかして）国土全体を獲得する。（3）双方が納得する境界線を引く。このいずれかである。

二民族国家の困難

二民族国家（カナダ・ベルギー・キプロス）は統一の維持が難しい。歴史的に存立してきたものでない限り、二民族国家を新たに作ることはほぼ不可能である（そして、もともと二民族国家であったチェコスロバキアとユーゴスラビアは、もはや存在しない）。ヘブライ大学の初代学長を務めたユダ・マグネスはもう忘れ去られた知識人である。彼は一九四八年（のイスラエル建国）以前に二民族国家を樹立しようと苦闘した。しかし、あまり支持されなかった。最近、パレスチナの知識人たちが同じような提案をしているが、彼らも多くの支持者を集めることができていない。ここまでの経緯をすべて考え合わせると、それは政治的に実行可能な選択肢ではないように思われる。

消しがたい殲滅論の存在

そうすると、お互いに相手を殲滅させようとする考え方が出てくる。これは、二民族国家論よりずっと支持者が多い。自分が殲滅論者だと認めたくない人もいるだろうが、おそらくイスラエルに住むユダヤ人の三割とパレスチナに住むアラブ人の三割が（世論調査はないにしても）現実には賛成していると思う。とすれば、殲滅論は無視できない選択肢であり、実際この選択肢を真剣に追求しているひとびともいる。いうまでもないが、この考え方をとる人は、勝つのは自分たちの側であると信じている。双方とも、なぜ自分たちが勝つかを問われれば、（神の加護はいうに及ばず）ジオポリティクスにかかわる分析を長々としてみせるだろう。どちらの言い分が正しいかなどわかるものではない。まあおそらく、どちらかは正しいのかもしれないが。そうなると世界は、再びホロコースト――その対象がアラブ人であるにせよ、ユダヤ人であるにせよ――の可能性に大きく傾くことになり、問題は別のところに移ることになるだろう（無論、ただし、どちらかが核戦争を始めなかったらの話である）。

後に残されるのは、二民族国家は信頼性に欠けると考え、アルマゲドンなどまともな神経で見ていられるものではないと思っているひとびと（〔そこには〕イスラエル人もパレスチナ人も第三国のひとびとも〔含まれる〕）である。これは、何らかのかたちでの和平陣営と呼んでよいだろう。問題は、その和平がどのようなものかということである。どの地域でも、どういう状況でも、平和を訴えるのは単純なことではない。和平合意には二つの種類があるからだ。パイをほぼ等分《フィフティ・フィフティ》に分ける和平交渉と、八〇対二〇ほどに分ける交渉とである。正義がどうこうと言わないでもらいたい。平和と正義とは同じことでないばかりか、全く両立しないことが多い。もし平和を望むなら、平和を正義よりも優先させなければならない。完全な正義を求めるあまり、平和の機会を逃してはいけない。

等分《フィフティ・フィフティ》の和平は可能なのか

和平陣営のひとびとが抱える問題は、等分《フィフティ・フィフティ》の解決を望んでいる人が彼らのなかにほとんどいないことだ。どちらかの側に立って八〇対二〇の解決を模索している人が大半を占める。オスロ交渉の前後でも同じことが言えた。シャロン〔イスラエル現首相〕とバラク〔前首相〕の唯一の違いは、シャロンが八〇対二〇からさらに進めて九五対五にしてしまったというだけのことだ。アラファトとハマスの違いも同じようなものである。等《フィフティ・フィフティ》分に近い線で進めようとするには長い道のりがかかる。そうしている間にも戦争はエスカレートしており、もうすでに和平陣営の手には負えないかもしれない。

等《フィフティ・フィフティ》分の解決とはどのようなものか。どう答えたところで、読者は誰しもそれぞれ細かいところに異論があるだろうから、この問題に私は答えないことにする。過去には、さまざまなかたちで、等《フィフティ・フィフティ》分の解決が試みられた。今はアブドラ皇太子の提案が――その真意はつかみがたいが――焦点になっている。★ これとて、たたき台としてはそう悪くはなかろう。しかし誰も取り上げようとはしていない。アブドラの提案もミッチェルの提案★★と同じように、そのうち過去のものとなるかもしれない。いずれにしても等《フィフティ・フィフティ》分の協定に持ちこむには、計画だけでなく、ある種の情熱や互いの消耗、そしてある程度の外圧が重要である。

今のところ、平和への情熱は見あたらない。消耗は感じられ始めたが、外圧は皆無だ。米国の要人たちが公の場であきもせずに繰り返し表明しているように、合衆国はイスラエルの同盟国である。今日ますますその傾向が強くなった。その圧力は、イスラエルに味方して、八〇対二〇の解決をしようというものだ。ヨーロッパは、それよりは公平である。

だからイスラエルは、ヨーロッパには出てきてもらいたくないと思っている。しかしヨーロッパはこの問題で、公式には合衆国に強く反対する姿勢を示せずにいる。これはもっと大きな米欧関係上の問題の一部をなしているのである。アブドラが本当に等分《フィフティ・フィフティ》の解決を望んでいるとしても、単独では、どうすることもできない。

そうすると、この先どうなるのか？　今の状況では、恐ろしいことだとわかっていても、誰もが悲観的な想像をしてしまうのは無理もない。イスラエルがヨルダン川西岸とガザ地区を恒久的に再占領した後、誰かが生物・化学兵器で攻撃をしかける。あるいは、オマルのモスク〔岩のドーム〕か嘆きの壁が爆破される。それが、どちらの側の自殺であったのかは後になってみないとわからない。これは多くの博士論文や報道記事の題材になるだろう。文学にさえなるかもしれない。傑作になるだろう。

洞窟に隠れることを読者にお奨めしたいところだ。しかし今はすばらしい新兵器があって、どんなに深い洞窟に隠れても、殺されたりたたき出されたりする。嗚呼、昔はものもなおかりき。

★訳注　サウジアラビアのアブドラ皇太子が提案した和平構想を、二〇〇二年三月二十八日にアラブ首脳会議が「ベイルート宣言」に盛りこんだ。①すべての占領地域からイスラエルが撤退する。②東エルサレムを首都とするパレスチナ国家を創設する。③パレスチナ難民の帰還権を認める。この三つの条件をつけている。

★★訳注　ミッチェル元米上院議員を委員長とするパレスチナ・イスラエル問題の国際調査委員会が二〇〇一年五月に発表した報告書のなかで示した提案。パレスチナにテロリストの収監を求め、イスラエルにユダヤ人入植地建設の凍結を求めた。

●二〇〇二年四月一日　……………………… No.086. "Iraq: How Great Powers Bring Themselves Down" Apr. 1, 2002

イラク
【いかに大国は自滅するか】

イラクに侵攻すれば、どこの国にとっても悪い結果しか残らないが、最も損をするのはまさに合衆国である。

ジョージ・W・ブッシュは、ジオポリティクス上の能力がない人物である。タカ派が誘導するままにイラク侵攻の立場をとってしまい、もはや抜き差しならなくなってしまった。イラクに侵攻すれば、どこの国にとっても悪い結果しか残らないが、最も損をするのはまさに合衆国である。彼は政治的に手ひどい傷を負うことになるだろうし、それはおそらく致命的なものとなろう。世界における合衆国のパワーはすでに衰退しつつあるが、ブッシュは、それをさらに急速に失わせることになるだろう。彼は、イスラエルのタカ派を自滅的な狂気に追いこんで、イスラエル国家を破滅させる上でも、劇的な役割を果たすことになるだろう。もちろん、そういった負の帰結を見て喜ぶひとびとも世界には数多くいるかもしれない。しかし問題は、その過程で、彼が戦争をやろうとしていることである。多くの人命を即座に奪い、アラブ＝イスラム世界にこれまで想像もできなかった争乱を引き起こし、おそらく核兵器の使用を解禁することにもなろう。いったん解禁されると、再びそれを不法として封印するのは難しい。このような破滅的な袋小路に、どのようにして私たちはたち至ってしまったのか。

「イラクの脅威」は本当に存在するのか

米軍がイラクにたいして行動を始めるのは、もはや可能性の問題ではなく時間の問題だと思われる。なぜこんなことになっているのか。米国政府の報道官にこれを尋ねたら、イラクが国連の決議を無視して世界中に差し迫った脅威を与えているし、特に米国が脅かされているからだと答えるだろう。

予期される軍事行動についてのこのような説明は、根拠がきわめて薄弱であり、まともには受けとれるものではない。国連決議やその他の国際的抑止を無視した例はこの五〇年間に掃いて捨てるほどある。国際司法裁判所がニカラグア事件で下した決定に従うことを米国が拒絶した例など、いまさら指摘する必要もないだろう。★米国の国益が危険にさらされると思えば、ブッシュ大統領はどんな条約も尊重する気がないのは、彼自身の言動から明らかである。そしていうまでもなく、イスラエルは国連決議を三〇年以上も無視してきた。私がこの評論を書いている間も無視し続けている。他の国連加盟国の行ないも、たいして違いのあるものではない。そう、確かにサダム・フセインは、きわめて明示的なかたちの国連決議を無視している。何かほかに大きな違いがあるだろうか？

サダム・フセインはどこか他の国に切迫した脅威を与えているのか？　一九九〇年八月、イラクはクウェートに侵攻した。少なくともあの行動は差し迫った脅威だった。その結果がいわゆるペルシャ湾岸戦争である。あの戦争で米国は、イラクをクウェートから追い出したところで攻撃を止めた。サダム・フセインはイラクで今も実権を握っている。国連はイラクに対し、核兵器・化学兵器・生物兵器を破棄するよう求める決議をいくつも出し、これを確認するため査察団を受け入れるよう命じた。また国連はさまざまな方法で輸出入を制限した。周知のとおり、あれから一〇年で事実上《デ・ファクト》の情勢が変わり、国連決議がイラクに課した制裁のシステムは、決してすべてではないにしてもかなり弱体化している。

二〇〇二年三月二十八日、イラクとクウェートは合意に達し、イラクがクウェートの主権を尊重するという文書に調印した。クウェートのサバ・アルアーマド・アルサバ外相が、わが国は「一〇〇％満足している」と述べた。合意内容の一字一句に満足しているのかと記者に質問されて、「あれは私が書いた」と語っている。ところが米国の報道官はこれを疑う声明を発表した。単にクウェートが「満足した」だけで、米国が〔それ以上の攻撃を〕思いとどまるわけはない。そもそも、そのような決定にあたってクウェートが口を出したところで、それが何ほどのものであろうか。

以前の時事評論で指摘したように〔時事評論No.79「舞い降りた鷹は獲物をつかむか？」、『時代の転換点に立つ』所収〕、武力の行使、それもきわめて大規模な武力行使だけが、世界システムにおける揺るぎない覇権を回復する道だと米国のタカ派は信じている。圧倒的な武力を使えば覇権が確立できるのは確かだ。一九四五年がそうだった。米国は武力で覇権国になった。しかし覇権の〔前提となる〕諸条件がすでに掘り崩されている状況においては、そうした武力の行使は強さではなく弱さの証となり、自国をさらに弱体化させるだけである。現時点では、米国のイラク侵攻を支持する国はどこにもない。アラブの国家はどこも支持しないし、トルコ・イラン・パキスタンも同じだ。ヨーロッパでも支持する国はない。

注目に値する例外が確かに一つある。イギリスだ。というよりトニー・ブレアである。ただしブレアは自国で問題を二つ抱えている。一つは労働党内に反対勢力が生まれたこと。そして、さらに重要なことに、三月十七日の英『オブザーバー』紙は、「イギリス軍の上層部が昨夜トニー・ブレアに対して、『対イラク戦争は必ず失敗し、軍に多くの死者が出ても政治的に獲得するものがほとんどない』と厳しい警告を発した」と報じている。米軍上層部がブッシュ大統領に報告するときは、これほどあからさまには言わないだろう。しかし彼らがイギリスと違う情勢分析をしているとは思えない。クリントン政権の安全保障委員会でイラク担当官を務めたケネス・ポラックによると、サウジアラビアかクウェートの基地から二〇〜三〇万人規模の軍隊を送り込む必要があり、イラク北部のクルド人を守るには、さらなる派兵が必要だという。そのための兵員は、トルコの基地から陸路を使うか、他の基地からトルコ上空を通過して軍隊が送られることになる。

米国は、「同盟諸国」を脅して参戦させられると当てにしているらしい。シャロンがラマラを占領した後では、サウジアラビアの基地（あるいはクウェートの基地さえ）が使えるという淡い期待は消えてしまうだろう。トルコはイラク国内のクルド人を守ろうとは決して思わない。今の状況でそんなことをすれば、トルコ政府が全力を傾けて抑えようとしている自国のクルド人運動の火に油を注いでしまうからだ。イスラエルに関して言うと、シャロンはできるだけ早くヨルダン川西岸とガザ地区を再占領し、パレスチナ政府をつぶしてしまうつもりのようだ。ブッシュはこれを九九％支持している。

自縄自縛に陥るブッシュ

こうした見方が正しければ、アメリカによるイラク侵略は起こるだろうと予測できるが、それに勝つのは不可能でないにしても非常に難しい。また兵士（特に米兵）に多くの死者が出て、結局は米国軍が事実上の敗退を余儀なくされるだろう。第二のベトナム戦争である。ブッシュ政権は誰もこれに気がついていないのか？　少数はいるだろう。だが彼らは無視されている。なぜか？　ブッシュが自縄自縛に陥っているからだ。イラク侵攻を進めれば、ブッシュはリンドン・ジョンソンのように自分から辞めることになるだろう。あるいはリチャード・ニクソンのように恥をかくことになるかもしれない。そして結局、米国の失敗にヨーロッパは促されて、〔米国の同盟者としての〕大西洋ではなく、〔米国に対抗する〕ヨーロッパになってしまう。ではなぜ戦争を始めるのか？　ブッシュが米国民に「対テロ戦争」を提唱し、「絶対に勝つ」と約束したからである。

これまでのところ、ブッシュがやったのはタリバンをつぶすことだけで、ビンラーディンを捕えることはできていない。パキスタンは当てにならないし、サウジアラビアは逃げ腰である。ここでイラクに侵攻しなければ、彼にとって一番大切な自国有権者の目には愚かに映るだろう。実際、まわりで内政の助言をしている人たちは、はっきりと彼にそう伝えている。信じられないほど高いブッシュの支持率は、「戦時の大統領」であるブッシュに与えられたものである。平時の大統領になった途端、彼は厳しい苦境に陥る。戦時の約束が果たされていなければ、その苦境はいっそう厳しい。

だから彼には選択の余地がない。ブッシュはイラクに侵攻する。そして世界は、その帰結を甘受させられることになる。

★訳注　一九八四年、ニカラグア政府は、米国がコントラ（反革命軍）を組織し、訓練指導や資金・武器を提供して軍事行動を行なっていると国際司法裁判所に提訴。八六年、同裁判所はニカラグア政府の主張を大筋で認め、国際法に違反する「内政干渉」および「武力の行使」で、米国敗訴の判決を下した。

●二〇〇二年四月十五日　……………………　No.087. “Defiance: Does the Superpower Matter?” Apr. 15, 2002

反抗

【超大国《スーパーパワー》なにするものぞ】

合衆国の覇権は今や混迷のなかにある。これはシャロンが世界に与えたメッセージである。

ブッシュに「反抗」したシャロン

ジョージ・ブッシュはいままさに一つの最優先事項を念頭においている。イラクへの侵攻である。アリエル・シャロンもまた一つの最優先事項を念頭においている。パレスチナ自治政府を壊滅させ、ヤセル・アラファトを政治の舞台から排除することだ。ブッシュはシャロンのやっていることに対してきわめて同情的であるが、他方でそれは彼にとっての最優先事項の妨げになる。チェイニー国務長官でさえ、彼にそう言っている。

というわけで不承不承ながら、ブッシュはシャロンに最後通牒を出した。「もうやめろ！」と。これは合衆国の〔国内〕政治の観点からすると困難なことだった。これによって、いたるところで——共和党の右翼、民主党、イスラエルのロビー団体——彼への支持が取り下げられた。しかし他方で彼は、サウジアラビア、ヨルダン、モロッコ、エジプト、さらにはバーレーンをも相手にしなければならない。これら各勢力は合衆国の国内政治にはなんらの影響力も持たないが、軍事基地を持っており、ブッシュがしたいと望んでいること〔イラク侵攻〕を正統化する権能を持っている。要するに、イスラエルはイスラエルで、ブッシュに対抗するための武器――合衆国内部の支持――があり、パレスチナはパレスチナで、イラク侵攻に際して世界の怒りを和らげるために、合衆国がアラブ諸国からの暗黙の支持を必要としているということを武器として持っているわけである。

この後者の必要から、ブッシュはシャロンに対して「やめろ」と叫んだ。そしてシャロンは、「やめない」と応えた。しかもその態度はうやうやしいものではなかった。『ニューヨーク・タイムズ』紙はアラファトの熱狂的な支持者などではないが、四月九日の社説において、「これはブッシュと合衆国に対する侮辱である」と述べた。実際そのとおりなのだ。ブッシュとシャロンは互いに脅しを掛けあい、これまでのところは明らかにシャロンが勝ちを収めている。これは超大国《スーパーパワー》へのはっきりとした反抗であるといってよい。

合衆国はこれに対して何ができるのか？　さほどのことはできはしまい。シャロンはそう見積もっている。結果はどうなるのだろうか？　まずイスラエル／パレスチナにおいて、地域の破滅を招くものとなろう。しかしそこからほかに目をうつせばは、その結果は、合衆国にとって破滅的だ。反抗は感染する。シャロンにできるのなら、なぜヨーロッパにはできないというのか？　ロシアは？　中国は？　ならば、なぜカナダにはできないだろうか？　メキシコやブラジルはいうに及ばず、である。

露呈したアメリカのパワーの限界

権力《パワー》とは、他者にとって、そこから逃れることができない恐怖のことである。これはブッシュ自身が言っていることだ。ブッシュが言うに、タリバンは、アメリカの権力《パワー》につかまることなく、アルカイダによるアメリカへの攻撃を支援しおおせると考えていた。そしてブッシュは、タリバンに対して彼らが誰を相手にしているのかを見せつけた。タリバンに関しては、彼は正しい。しかし彼はシャロンに対して何ができただろうか？　特殊部隊の投入？　貿易や合衆国による援助の削減？　冗談にもならない。たとえ彼がそうしたくとも、その手順が単純に政治的な可能性の外にある以上、断じてそれは起こらないだろう。

ブッシュが歩むごとに、その歩みが彼を泥沼のなかに引きずり込んでいく。彼は彼の考えるクリントンの失敗——中東問題に個人的に関与したこと——を繰り返さないという決断とともに大統領の執務室にやってきた。彼はそれを勝ち目のない、合衆国の威信を損なうものであると考えていた。この立場には、ねじれはあるかもしれないが、一定の限定的論理性があった。しかし彼はそれを断念しなければならなかった。最初彼はジニ特使を送り出し、ついでチェイニー、今やパウエルである。残されたのは全員をキャンプ・デービッドに招集することぐらいだ。そして仮にいま彼がそうしたとしても、シャロンはやってこないだろう。

たぶん、私は知らないが、彼らはホワイトハウスでの内々の会話では、自分たちが道を間違ってしまったのかもしれないとささやきあっているのではないかと思う。引き揚げることはできるだろうか？　問題は、「合衆国の対外政策に大きな変化はない」という空言にある。車が坂道を下っており、ブレーキがうまく効かないとき、あなたは車が転倒せずに速度を下げる方法を見つけ出さなければならない。速度を上げることでは普通は生き延びることはできないはずだ。疑う余地のないものに見えた合衆国の覇権は今や混迷のなかにある。これは自ら合衆国の（特に保守的な大統領の）盟友をもって任じていてもおかしくないシャロンが、世界に与えたメッセージである。そしてこのメッセージは、合衆国（特に保守的な大統領）にさほど友好的でないその他のひとびとにもはっきりと聞こえている。

「聖人」アラファト

反抗の衝撃はヨーロッパにおいてすでに明らかであり、基本的に親イスラエル的であった政治的空気が、かなりな非難に、あるいは敵意にすら変化した。イスラエルの右翼でシャロンの批判者であるベンジャミン・ネタニヤフは、彼が常日頃から信じていたように、ヨーロッパがいまだ反ユダヤ主義的である（アメリカとは違って、ということだろう）ことが明らかになったと述べた。しかしこれはほとんどばかげた誇張だ。実際いくらかのヨーロッパ人はいくらかのアメリカ人がそうであるように反ユダヤ主義者である。しかし反ユダヤ主義は今日のヨーロッパ人の態度を決定するものではない。パレスチナの窮状もまた、その大部分はたいした関心を呼ばない。ヨーロッパ人は実際、合衆国の世界政策の非知性的で危険な冒険主義への落胆に基づいて振る舞っているのである。

いわゆる「穏健な」アラブ諸国についていえば、モロッコのモハメド六世は世界のテレビ放送でパウエルを批判した。ヨルダンのアブドラ国王もテレビで、「シャロンがアラファトを聖人にした」と述べた。つまりブッシュがマザー・テレサを非難できないように今や私も彼を非難できないということである。アラファトについては、現在のようなイスラエル軍の戦車による占領が行なわれる前に、ラマラ市で監禁されていた彼を尋ねたイスラエルの反戦運動家、ユリ・アズネリの言葉に私は心を打たれた。彼は、アラファトのほとんど晴れやかなまでに落ち着いた振る舞いは、トルストイの『戦争と平和』に登場するクツゾフという人物を思い出させるという。上官からナポレオンの侵略によって退却せざるをえなくなったときどうするべきかと問われて、クツゾフは笑って「待ちましょう」と答えた。そしてナポレオンがモスクワに迫ったとき、雪がすべてを埋め尽くし、ナポレオンは自ら撤退を決意した。クツゾフがしたのはただ待つことのみであった。アラファトは待っている。

プーチンや中国の指導者たちもまた我慢強い。彼らも待っている。しかしブッシュは待たない。彼はいたずらに動き回るばかりである。

●二〇〇二年五月一日 ……No.088. "A French Earthquake?" May 1, 2002

フランス大地震？

ヨーロッパ各国の社会民主主義政党の問題は、彼らがこの五〇年間あまりにも中道に、あるいは中道右派にさえ近寄りすぎたことである。

「ル・ペン支持層」は常に二割はある

フランス大統領選挙の第一ラウンドで、ジャン=マリ・ル・ペンがリオネル・ジョスパンを僅差で破って第二位に入り、第二ラウンドでジャック・シラクと戦う権利を得たことは、フランスの（そして世界の）新聞で政治的大地震と表現された。何が実際に起こり、それはどのように重要なことなのか？　実際のところ、疑問は二つ別個にある。なぜル・ペンはこうもうまくやれたのか？　そしてなぜジョスパンはこうもへまをしでかしたのか？

簡潔に答えるならば、ル・ペンは見かけよりも少しだけうまくやったに過ぎない。より明瞭なのはジョスパンが弱点をさらけ出したことだ。

われわれも承知のとおり、選挙の結果というものは、部分的には、選挙のシステムに左右される。ル・ペンは一七パーセント弱を獲得しただけであり（彼と袂を分かったもとの同志であるブルーノ・メグレはわずか二パーセント強であった）、〔極右勢力をすべて〕合わせても一九パーセントである。これはあまり多いとはいえない。ル・ペンは右翼で外国人排斥主義者で大衆主義者で国粋主義者であり、フランス人の閉鎖主義への訴えかけ、移民を非難する演説、犯罪に対する強硬な立場、原理主義的カトリシズム、そして伝統的な反ユダヤ主義を結び合わせている。彼は反グローバル主義者で、反ヨーロッパ主義者で、そして反アメリカ主義者だ。彼の運動はファシズムの要素を含んでいるが、戦間期のそれのような反議会主義的で擬似軍国主義的な動員の仕方はしない。だが彼が権力を握ったときどうなるかはわからない。彼はきわめて好ましくない人物であり、誰も、彼が大統領になることなどはいうまでもなく、彼の運動が強力になるのを見たいなどとは思わないだろう。

すべての西側諸国で、ル・ペンのような政策を基本的に支持するひとびとがおよそ二〇パーセントはいるといわれており、それはほとんどつねにそうである。しかし、それらのひとびとがつねに彼や彼のような人物に票を投じるわけではない。なぜか？　それは二つの事情による。すなわち第一に、その国の直近の状態、特にいわゆる主流派諸政党の状態と、第二に、選挙のシステムである。彼が一七パーセントの得票を得たのは、主にシラクとジョスパンの双方ともが、有権者（右派も左派も、中間派さえも）に多くを提示しているように見えなかったからである。

フランスは珍しいシステムをとっている。大統領制であり、かつ二ラウンド制である。合衆国も大統領制だが、こちらは一ラウンド制である。そして多くのほかの国は議会制だ。それらは（イギリスのような）小選挙区制か、部分的あるいは全面的な比例代表制かに分けられる。合衆国のシステムでは、政治的党派は多かれ少なかれ一つか二つの主流政党の内部で活動せざるをえず、そうでないものは排除される。ル・ペンの二〇パーセントは合衆国でいえばキリスト教右翼とタカ派を合わせたようなものだ。彼らは共和党の内部で活動しているが、多かれ少なかれ吸収されてしまっている。彼らはパット・ブキャナンには投票しなかった。英国式のシステム（議会制で小選挙区制）は合衆国の場合と同じような結果をもたらすだろう。より「比例代表的な」議会制、たとえばオーストリアやデンマークやオランダのような場合、ル・ペンの同類は多くの得票を得ることができ、それから（連立工作の過程で）取引を行なうこともできる。オーストリアでは、彼らが政府の一員となった。オランダの同類、ピム・フォルタインは今度の選挙でそれに挑戦することになるだろう。

フランスのシステムは全く違う。そのシステムは、二ラウンド制になっていて、第二ラウンドは上位ふたりの候補者が争うため、各党派は、第一ラウンドでは、それぞれに自派の力点を提示し、第二ラウンドでは、上位ふたりの主流派候補に票を糾合していくように促されることになる（これがすべてすむと、立法府の選挙となるが、それも同じく二ラウンド制である）。

左翼票を獲得できなかったジョスパン

このシステムは、上位ふたりの候補者が確実な得票数をあげ、その他の候補者の得票数はおしなべて少数であるということを前提にして機能する。今回もその前提通りになって、ル・ペンの支持者の多くは第二ラウンドでシラクを支持するだろうと誰もが考えていた。

二カ月前、世論調査はシラクとジョスパンが安全圏におり、三人の候補者が三位の座を争っていて、その三人は週ごとに入れ替わりつつ、それぞれなかなかの支持を得ていることを示していた。ある時点では、シュベヌマンが予想された。彼はジャコバン派左翼(国粋主義者で犯罪と移民に対して強硬な立場をとるが社会主義者である)を代表しており、彼はシラクから離反したひとびとの票を取り込めると考えていた。しかし彼は後退し、伝統あるトロツキー主義者の候補、アルレット・レギエが出てきて、無骨な調子で力強い伝統的左翼の立場を語り、幻滅していた共産主義者と社会主義者に訴えかけた。そしてその後、一カ月かそこら前には七パーセントの支持しかなかったル・ペンが急速にせり出してきた。当初シュベヌマンかレギエ(彼らはいずれも六パーセント以下の支持に下がった)に投票しようとしていたひとびとの票をすくい上げたのは間違いない。ル・ペンは、典型的な抗議票を引き出したのである。ル・ペンの熱心な支持者はせいぜい五~七パーセント程度だろう。

それではなぜジョスパンはル・ペン以下にまでその支持を落としたのか(もっとも、その差はわずか一パーセントにも満たない——このことは留意しておくべきだ)? 多くの直接的な理由がある。ジョスパンの選挙キャンペーンはひどかった。彼は、長期間にわたって、第二ラウンドの有権者向けのキャンペーンを行なったが、そのやり方は、ぎりぎりまでシラクと同様の言葉遣いに近づいていくようなものであった。そのおかげで、多くの有権者は第一ラウンドを棄権するか、もっと知られていない別の候補者に関心を向けることになった。そしてさらに、現在の政権を構成する諸政党——『ル・モンド』紙が現在「実権を握る政府内左翼」"la gauche gestionnaire" と呼んでいる、いわゆる「複数左翼」"plural left" ——は、一九九五年には三人しか候補者を立てていなかったのに、今回は五人であるという事実もある。最も知られていない候補者は小さな急進的左翼政党から出たクリスチャンヌ・トビラで、彼女は、海外県出身者の選挙への出馬を認めさせるためだけに出てきたのだが、その得票は二・三二パーセントだった。彼女が出ていなかったならば、おそらくその票はすべてジョスパンに投じられただろう（急進的左翼はフランスのほかのどの政党よりも社会党に親近感を感じている）。トビラの得票があれば、ジョスパンは、かろうじてル・ペンに勝っただろう。そして「大地震」は起こらなかったはずだ。実際のところ、ジョスパンが第二ラウンドで勝つことも十分ありえたのである。

左翼はもはや左翼ではない

しかし事態の現実は、トビラのばかげた立候補にあるのではない。それは、西側世界全体における社会民主主義のイデオロギーとしての凋落にあるのである。ジョスパンは社会民主主義の指導者としては、おそらくどの国の指導者よりも、最も伝統的な「左翼」である。一九九五年の大統領選挙、一九九七年の総選挙の際の彼の言葉遣いは全く左翼的であり（そのため保守諸党の位置も左寄りにずれて中道に近づいた）、それは明らかに有権者に訴えるところがあった。彼はトニー・ブレアなどではないのだ！　今回は、彼は怖気づき——というよりはフランス社会党内のトニー・ブレアもどきに説得されて——その言葉遣いを右寄りにしてしまった。そしてそれは選挙では機能しなかったのである。

ヨーロッパ各国の社会民主主義政党の問題は（合衆国の民主党と同じように）、彼らがこの五〇年間あまりにも中道に、あるいは中道右派にさえ近寄りすぎたことである。そして彼らは、有権者を動かすものをもう何も代表していないように見える。一九八一年には、ミッテラン（ジョスパンよりもはるかに右寄りである）が選挙に勝ち、ひとびとは街中でダンスを踊った。ミッテランは「今とは違う社会」を約束した。一九八三年、社会主義者はその言葉、そしてその約束を放棄してしまった。

社会主義者はもう長いことマルクス主義者ではない。彼らは革命を求めていない。最近では彼らはほとんど社会主義者でもない（今回のキャンペーンで、ジョスパンは自分の政策は社会主義者のそれではないと発言した）。彼らは、自由市場を礼賛している。まあちょっとした社会主義的ないろどりは添えてはいるかもしれない。彼らはたいてい、労働組合や政府の職員の既得権益を守ろうとしているから。しかしそこでも、彼らは弱体化し始めている。確かに、彼らは女性やゲイやレズビアン、有色人種、果ては移民にいたるまで、そのようなひとびとの権利にかかわる諸問題について、相対的に「社会的にリベラル」な傾向はある。このことが示すのは彼らが投票者の二〇パーセントは当てにできるということであるが、それはル・ペンが二〇パーセントの支持を集めるのと同様である。残りの六〇パーセントは、しばしば釣りに出かけ〔て投票せず〕、さもなくば白人で中道の政治家に票を投じ、国家の危機に煽られると、ジョージ・W・ブッシュのような人物を支持するのである。

ジョスパンの敗北は大地震ではない。大地震はかつて左翼が左翼であることをやめるようになり、あるいは見た目にもわかるほどに中道左派になったときにすでに起こっていた。しかし決してフランスは最悪のケースではない。世界のいわゆる左翼は、世界がどこに向かっているかを再考すべき時期に来ている。そして、さのみならず、その選挙戦略についても再考しなければならない。もちろん、その政治戦略全体についてはいうまでもない。

●二〇〇二年五月十五日　No.089. "Israel/Palestine: It's Getting Ugly" May 15, 2002

イスラエル／パレスチナ

【事態の険悪化】

中期的な展望は誰にとってもよいものには見えない——イスラエルにとっても、パレスチナにとっても、ユダヤ人集団にとっても、アラブ諸国にとっても、そしてアメリカにとっても。

二つのナショナリズムの激しい対立

少なくとも第一次世界大戦のときから、二つのナショナリズムの間の対立が奔流のように続いている。一九四五年の段階では、いずれの側も相手の正統性を認めるつもりはなかった。アラブのナショナリストはシオニストをいかなる正統性も持たない侵略者とみなしていた。そしてシオニストはパレスチナが統治するすべての領域は「ユダヤ民族の故郷」たるべきだと考えていた。委任者である英国の態度は曖昧であったが、一般的に対立の関係者の大半と分析者は、彼らがどちらかといえばシオニストよりもアラブの側に立っているようだと考えた。

ところが、一九四五年から一九四七年にかけての世界政治の議論において、アラブ側は劣勢に立たされた。多くのアラブ側の指導者（そして特にエルサレムの主席立法指導者）は枢軸国の側についていたからである。シオニストの方は、ヨーロッパにおけるナチスのユダヤ人虐殺がヨーロッパ人に罪悪感を抱かせているということが有利に働いていた。ソヴィエト連邦は英国を中東からたたき出したがっていたし、合衆国も（口にこそ出さなかったが）そうであった。英国はどのみち身を引くしかない状況だった（パレスチナのみならずギリシャやトルコからも）。

だから英国が委任統治権を放棄すると発表したとき、国連は分割を提案した。提案は圧倒的多数で可決された。アラブ諸国家とその他ひとにぎりの国だけがこれに反対した。シオニストはしぶしぶこれを受け入れた（最初に引かれた分割線は〔彼らにとって〕ひどいものであった）。枢要なのは国家を獲得することであり、国家があれば、そこからさらに権利主張を追求していけると考えたのである。これは政治的に抜け目のない決定であったことが明らかになった。一九四八年の五月十五日に独立が宣言されたとき、合衆国とソヴィエト連邦は競ってこれを承認した。

アラブ諸国家は、有効なパレスチナ人のナショナリズム運動が存在しないまま、戦争を始めることを決定した。彼らは程度の差はあれ戦争に敗れ、国境は独立国家イスラエルに有利なように書き換えられていった。ヨルダンとエジプトはイスラエルが支配していない委任統治領の一部を併合した。われわれが知る限り、イスラエルとアラブ諸国家の間には一九六七年と一九七三年にさらに二回の戦争があり、その終わりにイスラエルはヨルダンとエジプトからそれぞれヨルダン川西岸とガザ地区を奪った（おまけにシナイとゴランまで制圧した）。パレスチナ人のナショナリズムの具体化であるパレスチナ解放機構（PLO）は一九六四年に設立されたが、重要な存在となったのは一九六七年の戦争後になってのことである。ヤセル・アラファトが指導者になったのは一九六九年であった。

敵対関係に最初の休止が訪れたのは一九七八年のキャンプ・デービッドにおけるエジプト・イスラエル間の協定だった。シナイがエジプトに返還され、平和協定が結ばれた。これは二つのナショナリズムの間の闘争が新たなステージに入ったことをあらわしていた。一九四五年から一九七八年にかけては公式には双方が絶対的な立場をとっていた。イスラエルによれば、ゴルダ・メイアの有名な言葉にあるように、パレスチナなどというものは存在しなかった（存在するとしてもそれはヨルダンだった）。したがって、英国が委任統治している領域内に、パレスチナ国家などというものは存在しえないということであった。そしてPLO盟約もまたイスラエル国家が存在する権利を否定していた。

「穏健派」の時代――キャンプ・デービッドからオスロまで

一九七八年から二〇〇〇年にかけての時期は「穏健派」の時代だった――すなわち、双方の側が、妥協は可能であること、そして二つの国家が平和共存できることを主張していた。もちろん、双方がまだ相手側の大幅な譲歩を期待してはいたが、少なくとも双方の指導者（あるいは指導者たちの大部分）がそれぞれの国民（少なくとも国民の大部分）の支持のもと平和を求めて話し合った。頂点に達したのはいわゆるオスロ合意であった。確かに、どちらの側にもオスロ合意を拒絶するものはいた。実際、大勢がそれを無条件に、暴力をもって否定した。しかし世界の諸大国、およびおそらくはイスラエルとパレスチナの多数派も、オスロ合意は有効だと考えていたし、また多かれ少なかれそれが有効であることを望んでいた。

和平の可能性は失なわれたのか

しかしその期待は裏切られた。今や誰もが失敗の原因となったものを指摘するのに大忙しだ。人気のある悪役はアリエル・シャロンとヤセル・アラファトである。率直に言って、それがどうしたというのか？　オスロの後には現在に至る戦争継続状態がやってきた。イスラエル政府と軍はパレスチナの領域に思うままに入り込み、彼らが正当だと考えていることを行なっている。彼らは軍事的にはパレスチナ側よりはるかに強力だから、彼らは相当な打撃を与えることができる。弱体なパレスチナ側は自爆攻撃を行なっている。このような状態が近い将来に終わることを示すわずかな手がかりも存在しないように見える。

そうしているうちに誰もが言葉遣いを変えてきた。〔イスラエルの極右政党である〕リクードは、公然の秘密であった同党の本音を、ついに公式の場で口にした。パレスチナ国家は存在してはならない。そして少なくともパレスチナ人活動家のいくらかは「ユダヤ人に死を」

というスローガンに逆戻りした。外の世界でもまた、興味深い転換が起こっている。一九四五年から一九七八年にかけて、西側世界ではイスラエルへの支持が中道左派（世界のユダヤ人集団が自ら身をおくところでもある）の間に多く見られた。右翼はアラブ支持にまわる傾向があり、その多くは単純に反ユダヤ主義の伝統によるものだった。一九七八年もしくはそのころ以降、ゆっくりとした逆転が始まった。親イスラエルの集団が中道右派に（さらには極右にも）定着した（世界のユダヤ人集団とイスラエル自身もそうした）。世界の中道左派はパレスチナの主張により共感を示すようになった。

われわれはイスラエル／パレスチナの絶え間なく、果てしない戦争状態の時期にいるらしく、それゆえに激しやすい状態にある。かつては最も極端な見方だと思われたものが今では鎮静剤になりつつある。双方の側の「穏健」派や「和平」派陣営の寛容さは、一九七八年以降いくぶん花開いたが、二〇〇一年から二〇〇二年にかけて一掃されてしまったようである――イスラエルのなかでも、そしてその外の世界でも。そして争いは地域の内部から広がり出て、外部の世界における双方の支持者間の醜悪な対決にまで拡大しているように思われる。

かつてなく醜悪な争いの場のただなかで、だいたい一九六七年の境界の範囲内で、法的に同等の二つの国を認めるという「二国解決」の立場を代表するだけの勇気と知性をそなえたものは、ますますその数を減らし、そしてどこであれ、そのような主張をするものは、よい扱いを受けなくなっているのは間違いない。合衆国は、自らの敵と戦うのに精一杯で、公平な関与をするふりなどすでにかなぐり捨て、しかもほかの誰にもその役割を行なわせないようにしている。

短期的にはイスラエルのタカ派が勝っている。彼らは軍備を（そして核兵器を）持っている。そして彼らは合衆国から九九パーセントの支持を得ている。しかし中期的な展望は誰にとってもよいものには見えない——イスラエルにとっても、パレスチナにとっても、ユダヤ人集団にとっても、アラブ諸国にとっても、そしてアメリカにとっても。忘れないようにしよう。誰かがすぐにでも戦術核兵器を使うかもしれないのである。

●二〇〇二年六月一日　No.090. "Immigrants" June 1, 2002

移民

われわれはひとびとの移動という観念についての硬直した考え方を本気で捨てにかからなければならない。

移民の「問題」とは何か？

最近では、移民はあまり人気がない。特に富裕な国においてはそうである。北米、西欧、そしてオーストロアジアにおいて、地域の住民が移民について考えることは、次の三つであることが多い。（1）移民は主として自らの経済的状況を改善するためにやってくる。（2）移民は低賃金で仕事をし、福祉補助を目的とする国家の施策の受益者となるので、元からいたひとびとの収入水準が下がる。（3）移民はお荷物であり、大小の犯罪にかかわり、自分たちの慣習を維持しようとするあまり移住先の国への「同化」ができないという意味で「問題」である。

もちろん、三つの陳述はおおむね真実である。もちろん、移民にとっての重要な動機は経済的状況の改善である。もちろん、彼らは低賃金の仕事を、特に初めてやってきたときには受け入れる。彼らは全体としてその国に最初からいる住民より貧しいので、結果として、より公的および私的な援助を求めるようになる。そしてもちろん、彼らは彼らがやってきた国に「問題」を引き起こす。

「移民の脅威」という扇動の結末

実際に問題なのは、「それがどうした？」ということである。まず、移民は合法的にであれ非合法にであれ、すでにいるひとびとからのかなりの程度の黙認がなければ国に入ることができない。それゆえ彼らはすでにいるひとびとのために何らかの機能を果たさなければならない。そしてわれわれはそのような機能が何であるかを知っている。彼らは、経済が機能するためには必要だが、すでにいるひとびとは引き受けたがらないような仕事に進んで従事する。それは単に労働人口のうち最も技能のない層がやるような楽しみのない労働ばかりではない。熟練を要する仕事もある。もっとも裕福な国ぐにで今日あらゆる移民の医療関係者（看護士ばかりでなく医者も）を排斥したならば、ひどい混乱が生じるだろう。

さらに、今やほとんどすべての富める国で、人口動態曲線はゆがんでおり、全人口に対する六十五歳以上の割合が増大し続けているので、仮に（十八歳から六十五歳の）移民がいなかったとしたら、今すでにその六十五歳以上の人口に属しているひとびとは、現在享受している年金を受けとることはできないだろう。というのも、年金資金の基盤拡大に貢献しているのは彼ら（十八歳から六十五歳の）移民たちだからである。これからの二五年間に、毎年の移民の数が四倍程度まで増えなければ、二〇二五年ごろには徹底的な年金の削減が必要になることがわかっている。〔移民の〕「問題」という言い方は、要するにわれわれの勝手な呼び方だということである。

それにもかかわらず、われわれは移民の脅威をいいたてる右翼の大衆主義者の運動を目にする。それらの運動は「極右」というラベルを貼られ、投票において二〇パーセント以上の支持を得ることはできないが〔二〇パーセント以上？ 二〇パーセントでも高すぎるぐらいではないか？〕、このような扇動的言辞が用いられると、中道的な政治家たちは、こういった論点について、どんどん右寄りに傾いていく。

ゆえにわれわれは止まることのない政治的なシーソーを経験することになる。すなわち、富める国はつねに〔合法的であれ非合法であれ〕入国の障壁を強化するように行動する。それでも移民は利益を追求する密入国斡旋業者や安価な労働力を求める雇用者にたきつけられてやってくる。そしてその脇には、移民に対する、不当でしばしば残酷な扱いを和らげようとする比較的少数の集団も現れる。最終的な帰結は、さらなる移民と、その移民に対するさらなる不満である。

国境が不可視にする隠された移民問題

さて、一つ注意していただきたい。右の記述は、貧しい国からの移民との関係で見た富裕な国についての記述である。諸国間の富のヒエラルキーが拡大している以上、このような記述は、合衆国にやってくるメキシコ人について当てはまるだけではなく、メキシコにやってくるグアテマラ人や、コスタリカにやってくるニカラグア人、香港にやってくるフィリピン人や、日本にやってくるタイ人、バーレーンにやってくるエジプト人や南アフリカにやってくるモザンビーク人についても当てはまることである。その気になれば、世界のいたるところに当てはまる事例をみつけていける。

そしてもうひとつ注意していただきたい。右の記述は富める国から貧しい国へのひとびとの移動には当てはまらない。そんな移動があるのか？　かつてよりは少ない。植民地化とは、そのような移動だったが、近年では政治的な理由から新たな植民地入植者はまれである（イスラエルがまさに真の意味で最後の植民国家である）。しかし今でも富める個人が貧しい地域の土地を買うという動きは続いている（そしてそれによって土地を購入したり借りたりする費用が上昇し、しばしば元からの住民がそこにい続けることが不可能になる）。しかしそのような動きはほとんど国境の内側で行なわれる。ゆえにこのようなひとびとは移民とは呼ばれない。〔しかし〕ヨーロッパ連合の創設に伴い、これはヨーロッパ規模で重大なことになりつつある。

「移動の自由」に関するダブルスタンダード

移民の問題ほど、偽善的な議論がまかりとおる問題もまれである。市場経済の支持者はその市場主義の原則を労働の自由な移動にまで拡大して適用することはまずない。これは二つの理由による。〔第一に〕それは富める地域では、政治的に極端なまでに人気がない。そして〔第二に〕それは世界規模での利益の最大化の上で決定的に重要な、世界規模での労働力コストの差異のシステムを揺るがしてしまう。とはいえ、かつてソヴィエト連邦がひとびとの自由な移動を禁じたとき、それは基本的人権に反することであるとして声高に非難された。ところが、ポスト共産主義の諸体制がひとびとの自由な移動を認めたとき、富める国ぐには彼らの入国に対してただちに障壁を築いたのである。結局のところ、そういうことなのだ。

事実上の反システム運動としての移民

堰を取り払って流れるに任せたら、いったいどういうことになるのだろうか？　世界中で入出国および移動に対するすべての障壁を取り払ったらどうだろうか？　すべてのインドの住民はひとりのこらず合衆国に移民し、バングラデシュの住民はひとりのこらず英国へ移民し、中国の住民はひとりのこらず日本へ移民するだろうか？　もちろん違う。合衆国内でミシシッピー州の住民がひとりのこらずコネティカット州へ移住するとか、英国内でノーサンバーランド州の住民がひとりのこらずサセックスへ移住するなどということがありえないのと同じである。一つには、多くのひとびとは、自分の生まれ育った場所を好むということがある。彼らは文化を共有しており、歴史を知っており、家族の絆を持っている。

すべての文化がハイブリッド化するのだろうか？　実際のところ、すべての文化はすでにそうだ。どこでもいい、ヨーロッパかアジアの大きな地域を取り上げて、この千年ほどの間にその土地を往来し、そこに言葉、宗教、食習慣、そして世界観を遺していったひとびとの波を見てみればいい。われわれはひとびとの移動という観念についての硬直した考え方を本気で捨てにかからなければならない。何らかの領域で、自由放任主義《レッセ＝フェール》が実際に機能する可能性があるとすれば、人の移動の自由こそは、そのような領域の一つである。われわれはそのスローガンが、もともと「なすに任せよ《レッセ＝フェール》、行くに任せよ《レッセ＝パッセ》」であったことを思い出すべきだ。

各国の国内においては、そのような移動はつねに見られたものである。そして、相対的に低い社会的地位にあるとみなされているひとびとがその隣接地域へ流入すると、しばしば、そこにもともと住んでいた相対的に高い社会的地位にあるとみなされているひとびとが、そこから流出する傾向にあるということもわかっている。そういったことは、歓迎されることもあれば、嘆かれることもあるが、近隣間での移動を禁止することでこれを規制しようとはまずしない。とすれば、この原則を国家に適用して、いったいどれほどひどいことが起こるというのだろうか。

移民は同化するだろうか？　もしそれが、移民が単純に自らをつくりかえて移動先のひとびとのクローンのようになることを意味しているのであれば、まあ答えはノーだろう。

そもそも同化は美徳なのか？　世界の諸国家はすべて、すでに信じられないほどに多様であり、それはプラスであってマイナスではない。そして鍋のなかにもう少々のスパイスを加えれば、その中身はより味わい深くなるに決まっているのではないだろうか。もちろん移民は（そして特に彼らの子供は）彼らの隣人に合わせようとする。われわれはみなそうするものだ。そして隣人もまた、新たにやってきたものたちに合わせようとするだろう。それが、学習・適応というものである。

もちろん、このアイデアは、すべてのひとびとがそのとおり行動した場合にのみ実際に機能するたぐいのものである。もしある国家が移民を自由化しても、他の国家がそうしなかったならば、その国は追い詰められてしまうだろう。しかし――私の推測だが――もしすべての国がそうしたなら、世界規模での移動は、現在よりも少し増え、そしてそれは現在よりも合理的で危険が少なく、そしてより対立の生じにくいものになるだろう。

●二〇〇二年六月十五日No.091. "Prerequisites, Power, and Peace" June 15, 2002

前提条件、権力、そして平和

もし「テロリズムに対する戦争」が、弱い集団による暴力の行使をやめさせようとするものであるなら、それは風車に突撃するドン・キホーテのようなものだ。

暴力を伴う政治的闘争

政治とは互いに異なる政策をめぐる闘争である。このような闘争には終わりがない。現代の世界では、このような闘争は、何らかの投票のシステムによる多数決によって決着をつけられるのが望ましいと考えられている。そしてわれわれは、諸個人および諸集団が、そのような諸政策に対して、さまざまな強度の見解を持っていることもわかっているし、それら諸個人や諸集団が自らの目的を追求するためになす決定（その目的を追求するためにどれだけの金銭、特権、そして善意が投入されるかということを含め）が、その結果に大いに影響することもわかっている。われわれが「安定した相対的に民主的な国家」と呼ぶのは、このような議論や論争が、むきだしの暴力なしに行なわれるような国家である。

われわれはまた、もっと激しい感情を引き起こすような議論や論争があることも知っている。そのような議論や論争は、それがゲームの根本的なルールにかかわることであるように見えることが根拠になっている――意思決定の過程には誰が含まれるのか、諸政策が適用される範囲はどこか、誰が特定の地域において土地や世襲財産を所有しているのか。これを「立憲的闘争」と呼ぶことにしよう。このような闘争はさまざまな文脈において起こる。それは植民地宗主国から独立を勝ち取ろうとする植民地の文脈にかかわることもあるだろうし、国家における政治的（のみならず経済的・社会的）な権利からの疎外を克服しようとする「マイノリティ」（しばしば人口の数の上では多数を占めるが）の文脈にかかわることもあろう。またそれは、国家間の慢性化した領土／境界紛争の文脈にかかわることもある。

この数十年間において世界的な関心事となったこれらの紛争を少し列挙してみよう。インド／パキスタン（カシミール地方をめぐって）、南アフリカのアパルトヘイト体制、北アイルランド、チェチェン、チアパス／メキシコ、南スーダン、トルコのクルド人、スペインのバスク人、東ティモール／インドネシア、コソヴォ／セルビア。きわめて多様なこれらの対立は二つの特徴を共有している。（1）ある時点で、暴力が行使される。（2）いずれの場合においても、一方の側は本質的に現状維持を目的とし、もう一方の側は状況を相当に変化させることを求めている。

もちろん、それぞれの状況は実際全く異なっている。私が列挙した右のリストからも、イデオロギーや外部からの援助という観点からして、これらの対立における「弱者」も「強者」も世界規模での一貫した連帯を築いてはいないのは明らかである。コソヴォを支持するひとびとがバスク人を支持するわけではない。南スーダンのひとびとの支持者はパレスチナ人の支持者ではない。そしてもちろん、彼らは自分たちを矛盾しているとは思っていない。彼らはそれぞれの状況の特殊性を主張し、それらは倫理的に等価ではないと言っているのである。

政治的修辞の四段階

しかし、私はこのような状況における修辞の歴史を見ることで、その先にある種の共通性を見出したい。このような状況の基盤をなす不満というものは、しばしば過去に起こった出来事や行為にその根をもっている。ある集団が征服され、あるいは追放され、またはその土地を奪われた。それはその集団が、自分たちを征服した、あるいは追放した、またはその土地を奪った集団より弱かったから起こったことである。さらに、そのような不満は、しばしばこのような過去の出来事が、実質的にそれら弱い集団の公民権を奪ったり（宗教の改造や言語の押しつけによって）彼らの文化を廃絶するような政治構造の創出につながっているということにもかかわっている。

修辞の歴史は、通常、以下のような経過をたどった。第一段階——強い集団が彼らの長所と弱い集団の文化的な限界を主張することで構造を正当化する。第二段階——弱い集団が政治的に組織され、強い集団の修辞に挑戦し、より「平等な」構造を主張する。第三段階――強い集団は弱い集団を無視し、構造的変革へ向けた弱い集団の試みは無駄に終わる。第四段階――弱い集団の一部の構成因子が暴力的活動を行なうようになる。世界は、そこで問題に気がつく。

第四段階に至ると、外部の強力な集団の支持を獲得ないしは保持することがその政治過程の一部になる。そして強い集団は弱い集団による暴力を非正統化し、暴力に対する譲歩は受け入れられないという前提を立てる。強い集団は「平和」に至る話し合いのための「前提条件」として暴力の停止を主張する。弱い集団は暴力を行使しなければ彼らは無視されていた、と反論する。しかして、暴力を終わらせる「政治的」解決を導く道は話し合い以外にはない。袋小路だ。

われわれはみなこの第四段階を認識している。パキスタンは〔カシミールへの〕潜入者を引き揚げろとインド政府が主張しているのもそうである。ＡＮＣ〔アフリカ民族会議〕が暴力を放棄しない限りネルソン・マンデラを解放することはできないというアパルトヘイト体制もそうである。事態を前進させるためにＩＲＡ〔アイルランド共和国軍〕は武器を捨てよと北アイルランドのプロテスタントが言っているのもそうである。チェチェンの反乱者は犯罪者であるとロシア政府が主張しているのもそうである。すべてのテロリズムがやむまでパレスチナと話し合いはしないというシャロンの言葉もそうである。議論の継続を可能にする前提として、秩序を回復するため、軍がチアパスを占拠しなければならないとメキシコ政府が主張しているのもそうである。ハルツーム政府の南スーダンに対する武装解除、トルコ政府のクルド人に対する同様の要求もそうである。スペイン政府によるETA〔バスク祖国と自由〕テロリストの弾劾もそうである。東ティモールに対するインドネシア政府の残忍な弾圧による反応もそうである。コソヴォの反乱を一掃するためにセルビア軍が派兵されたのもそうである。

右の諸事例を私が選び出したのは、ここでもやはり、読者は、一方でいくつかの事例においては「強い集団」の側に同意しつつ、他の諸事例においては強い拒絶を示すだろうと思ったからである。少なくとも、私自身はそうである。しかしすべてに通じる構造的な並行性はやはり顕著である。また同じく顕著なことは、これらの紛争の両陣営のそれぞれの内部においても、それぞれの事例すべてに同一の論争があるように見えることである。両陣営は、いずれの側も「穏健」派があり、彼らは何らかの「和解」を含む政治的な解決を模索している。そしていずれの側も「強硬」派を持ち、彼らはいちかばちかの解決を望んで穏健派との闘争に多くの労力を費やしているか、時宜を見て挑発的な暴力を行使することで交渉の機会をぶちこわしにしようとしている。

右の九つの事例は確かにそれぞれ別個の事例である。そして解決もまた――解決があればの話だが――多様であるはずだ。しかしこれらはすべて権力と権利にかかわるものである。またこれらはすべて暴力を含んでいる。現状を維持しようとするものによる暴力と現状を変化させようとするものによる暴力である。そしてこれらは政治的な合意がなされることによってのみ終結する。もし「テロリズムに対する戦争」が、弱い集団による暴力の行使をやめさせようとするものであるなら、それは風車に突撃するドン・キホーテのようなものだ。もちろん、現状を維持しようとするのに十分な力があれば一時的な抑圧は可能だろう。しかしそれはつねに一時的なものでしかない。もちろん、個々の事例においては、反乱組織が破壊される可能性はある。しかしそうなったとしても、それは別の組織にとって代わられるのが普通である。そしてその際、もしそこに政治的な合意ができれば、それはより穏健な姿をとるが、そうでなければ、それはさらに凶暴なものとなるのである。

われわれすべてが認識しなければならないのは、このような紛争の終わりは軍事的にではなく、政治的にもたらされたということだ。それが第五の段階である。その段階に達した紛争は（今日におけるアルザスとロレーヌをめぐるフランスとドイツのように）大部分がすでに歴史上の逸話と化している。いうまでもなく、ここには、紛争の両陣営がともに耳を傾けるべき政治的教訓がある。しかしながら、政治的な解決はまたつねに両者による暴力の行使を伴

暴力は政治的合意によってのみ終結する

うものでもある。どのようなものであれ、重要な問題においては、それはほとんど不可避である。

規範的になりすぎず、より現実的に政治過程を分析することが有用だということかもしれない。譲歩はつねに痛みを伴うものだ。重要なのは、譲歩の成立にあたって、痛みは現在の世代によってのみ背負われており、それが痛みを伴うものであったという事実は、いまだ生まれぬ将来の世代にとっては理解できないものとなるような、そんなかたちの譲歩であるべきだということである。このようなたぐいの政治的解決のみが、持続的な解決となるのである。

●二〇〇二年七月一日 ……………………………… No.092. "Preemption: The Political and Moral Stakes" July 1, 2002

先制攻撃

【その政治的賭け金と倫理的賭け金】

先制攻撃による戦争は取り返しのつかない行動である。

国際条約が制限する戦争

戦争は今も世界の現実である。とはいえ、少なくともこれまで五世紀間にわたって、近代世界システムを構成する国々の間では、最も残忍かつ正当化されがたいたぐいの戦争行為を、何らかのかたちで制限し、あるいは排除しようとさえする「交戦規定」をつくりだすための努力がなされてきた。そしてそれらの規定は次第に国際条約のかたちで法典化されてきた。

一九四五年、国連憲章は戦争を始めることと他国が始めた戦争から自国を防衛することとを区別した。憲章は「自衛のための戦争」が正当であることを認め、さらには「集団的自衛」——一国が攻撃されたなら他国がその国のために立ち上がることを定める各国間の協定をも認めた。実際にはこの規則はしばしば破られてきたのだが、一九四五年以降、この規則を破るものは自らがその規則を破っていることを偽善的に否認することが、悪徳が美徳に払うべき証立《あかしだ》てのようなものになった。彼らは戦争を始めたのは自分たちではなく相手であると主張した。たとえば、北朝鮮は一九五〇年の朝鮮戦争において、自分たちが戦いを始めたことをつねに否定し、最初に敵対行為を行なったのは韓国であると主張した。合衆国が一九八三年にグレナダに侵攻したとき、それは合衆国の看護学生が命の危険にさらされたがゆえにのみ行なわれたのだと合衆国は断言し、ゆえに最初に敵意を示したのはグレナダであるとされた。

合衆国とソヴィエト連邦との長い冷戦の間、「恐怖の均衡」ということが言われた。これはもし一方が核兵器をもって戦争を始めたならば、もう一方はただちにこれに反撃することができ、最終的には双方の破滅に至る、ということを両国が知っているということを意味していた。にもかかわらず、合衆国政府内では（そしておそらくソヴィエト連邦政府内でも）相手に実質的に反応の余裕を与えないほどの奇襲をもって戦争を行なうことは可能なのか、また望ましいことなのかといった議論が定期的に持ち上がっていた。これは「最初の一撃」問題と呼ばれ、つまり「先制攻撃」の問題であった。これが実際には起こらなかったのは明白である。われわれにはその決定が技術的な理由（奇襲によっては、破滅的な反撃を十分には回避できない）によるのかそれとも政治的／倫理的な理由（「最初の一撃」は国連憲章に違反する）のもとづいているのかはわからない。これまで言われてきたのは、合衆国当局は先制攻撃の可能性についてはっきりと否定したことはないということである。多くのひとびとが、これは単に相手に気を抜かせないようにするためであり、それを実際に行なうつもりはないのだと信じてきた。

ソヴィエト連邦の崩壊後、冷戦は終わったのだから「最初の一撃」に脅える必要はもうないという主張が出てきた。しかし九月十一日以降、問題はよみがえった。二〇〇二年六月の陸軍士官学校における演説で、ジョージ・W・ブッシュ大統領は「脅威が全面的に現実化するのを待っていたりしたら、それは待ちすぎになってしまう」と述べた。これはきわめて明瞭な発言である。それは「最初の一撃」の正当性を述べるものである。コンドリーザ・ライスも「それは、敵による破壊的な行為に先んじて手を打つという意味だ」と、わざわざ説明してくれている。

二〇〇二年六月十六日の『ワシントン・ポスト』紙でボブ・ウッドワードが暴露したところによれば、ブッシュ政権は最近、サダム・フセイン暗殺のための合衆国チームを送り込むことの可能性について議論しているという。合衆国は一九五〇年代から一九六〇年代にかけていくつかの暗殺の試みを行なったことがあり、われわれが知る限りではいずれも成功しなかった。一九七三年、上院教会委員会でこの政策が暴露された結果、フォード大統領は、一九七六年に、この活動を禁じる大統領令を出した。レーガンとブッシュ〔父〕を含む続く合衆国の大統領はこの命令を守り続けた。そしてまさにこの大統領令こそが、現在破棄されようとしているのである。

International Journal of Intelligence and Counterintelligence（『国際諜報・対諜報雑誌』）の最新の記事（一五巻二号、二〇〇二年）で、ジェフリー・T・リチェルソンは「国家の安全保障上の選択肢としての暗殺」という問題を提示した。彼の主張はここで検討する価値があるものである。引用しよう。「〔暗殺の〕禁止を絶対のものとすべきだという主張には、納得のいく論拠が存在しない……。『合衆国は現在のかたちで、暗殺を禁止し続けるべきである』というならば、その方がまだ論拠はある。合衆国の現行の国際法の解釈では、戦争中や連続的なテロ攻撃のさなか、攻撃の危険が差し迫っているときなど、それ〔暗殺〕が望ましい可能性がきわめて高い状況においてであれば、敵の指導者を狙って殺害することは認められる。ゆえに、このような〔現行のかたちの〕禁止によっては、ジョージ・W・ブッシュがオサマ・ビンラーディンの暗殺を正当化する二〇〇一年十月の大統領令に署名することは止められない」。

とすれば、計画は明らかだと思われる。まず、合衆国はサダム・フセインの暗殺を試みる。それがうまくいかなければ〔うまくいくとはちょっと考えにくい〕、次に不意を打っての先制攻撃を行なう。ブッシュ大統領はすでに、さまざまな国について、「体制の変化」を望む指示を出すつもりができあがっている。これが主権の侵害に当たることは明らかだ。しかし、彼はそもそも法ではなく権力の言葉を語っているのだから、そのことが彼の心を騒がせることはなさそうだ。彼はこの権力の言葉を倫理の言葉で包んでいる。すなわち「民主主義のためのテロリズムに対する戦い」という言葉である。私はこのような政策の政治的効用については論じない。私はそれを他のところで行なったし、それにその政治的効用はまさに合衆国政府、合衆国議会、そしてヨーロッパ共同体の指導者たちによる議論の主題であるからだ。

しかしことは政治だけの問題ではなく、法と倫理の問題でもある。そしてこれらについてはあまり議論がなされていないように見える。ごく普通のひとびとにとって（私はごく普通の人間だが）、「先制攻撃」が「防衛」ではないことは、ごく普通の一つの理由から明らかのように思われる。すなわち、法が防衛を認める唯一の道は、行為が起こった後のことであるということだ。行為を行なおうという意思は行為を構成しない。なぜなら意思は実行されない限り知りえないからである。加えて、先制攻撃は相手の意思を解釈するが、その解釈は誤りである可能性がある（そして実にしばしば実際に誤りである）。刑法において、仮に誰かが私に悪意あることを言っているのを耳にし、その誰かがいつか私を撃つだろうと考え

政治的にも法的にも倫理的にも先制攻撃を認めてはならない

て、私がその人物を撃ったとしたら、それは法的に正当化されない。しかし、仮にその誰かが私に銃を向けたのなら、私は自衛のために彼を撃つことは許される。この基本的な区別がなければ、われわれは法のない世界におかれてしまう。

そして次には倫理性の問題がある。倫理性は、われわれの行為に筋が通っているか否かによって決定される。そしてそれについては、われわれ自身がどの程度まで間違いを犯しうるかということを考慮に入れなければならない。合衆国政府の執行部は誰ひとりとして、われわれが間違いを犯しうるということについて憂慮していることをほとんど示していないように思われる。しかしこのような憂慮、このような自己分析は倫理においては決定的に重要なものだ。先制攻撃による戦争は取り返しのつかない行動である。それは金銭的補償で埋め合わせがつくようなちょっとした過ちではすまない。ひとびとが死ぬのである。それも、たいていの場合、大勢のひとびとが死ぬのである。先制攻撃をした側は、予測される攻撃による別のひとびと（友人や家族、同胞）の死を防ごうとしたのだと言うかもしれない。しかし事実としては、先制攻撃をした者が最初に攻撃した者であり、そして最初に殺す者である。もしこれが「汝殺すなかれ」という戒律に触れないとすれば、いったい何なのだろう？

私の目にはこれはばかばかしいほど単純な問題に見える。先制攻撃は国際法に触れることだ。先制攻撃は非倫理的である。もしこれが政治の欠陥であるなら、われわれは生き延びることができる。法の欠陥であるなら——これほどの重大なものであれば——それは法の可能性自体を揺るがすだろう。そして倫理の欠陥なら（ひとによってはこれを罪と呼ぶのだろうが）、その欠陥はわれわれの存在を変えてしまう。そして明らかに、その変化はよい方向を向いてはいないだろう。

●二〇〇二年七月十五日 ……………………………… No.093. "Judge, Jury, and Cavalry" July 15, 2002

裁判官で陪審員、かつ騎兵隊

冷戦の終わりは、合衆国の右派による「国際主義」への参加の終わりを画するものでもあった。

国際刑事裁判所の創設と合衆国の猛反対

本稿のタイトルはオーストラリアの代表的な新聞である『シドニー・モーニング・ヘラルド』紙の二〇〇二年七月五日の見出しからとったものである。それは国際刑事裁判所(ICC)に対する合衆国の激しい反対に関する記事であった。近年、世界は、以下のような尋常ならざる事態を目にしてきた。ICCは国際条約によって設立され、合衆国はクリントン政権期にこれに署名した。クリントンは、一つには合衆国軍の不満から、また一つには上院での可決の可能性がないということから、これを批准の手続きにはのせなかった。にもかかわらず彼が同条約に署名したのは、合衆国が将来、同条約に修正案を提起することができるようにとの目的からであった。

ブッシュが権力を握ると、合衆国はもう一歩ふみこんできた。ブッシュは条約への署名を撤回した。これは法にかなうものではないかもしれないが、とにかくそういうことにしたのだ。しかし実際上は、この署名撤回は単なる言葉の上でのアクションにしかならなかった。条約は六〇カ国が批准した時点で有効となることになっていた。合衆国はそれには少なくとも一〇年はかかると見ていたが、実際には二年で達成され、二〇〇二年の七月一日、ICCは公式の存在となった。条約は、その文言によれば、署名したか否かにかかわらずすべての国に適用される。特定の状況下で、かつ多くの例外規定を伴うとはいえ、それは、オランダのハーグにおかれた法廷において、戦争法に反する行動について訴追を行なう可能性を提供するものである。

合衆国政府は、ちょうどいいアメリカ俗語で表現すれば、「かっとなった」"went ballistic"★。そしてありとあらゆる方法で対抗した。最初の具体的な問題は、ボスニアにおける国連軍の駐留権限の更新で、これは七月一日に予定されていた。国連安全保障理事会が、合衆国の軍および政府の職員に対して、〔ICC〕条約の規定の明示的な適用除外を可決することを拒否したため、合衆国は更新案に対し拒否権を発動した。

合衆国はまた、更新ないしは新規の制定が予定されている、国連のほかのあらゆる平和維持活動に対しても拒否権を発動すると脅しをかけた。このなかには、たとえば、イスラエル・レバノンの国境に展開してヒズボラをイスラエルとの国境からどうにか遠ざけ、今やシャロン政府が切実に必要としている軍も含まれている。それに加え、合衆国議会の委員会はすでに〔ICC〕条約を批准したあらゆる国に対する軍事援助を打ち切る規定をすでに可決している。

アメリカ人が訴えられる?

合衆国は誰と戦っているのか? いわゆる「悪の枢軸」諸国家は条約を批准していない。中国も不参加だ。ICCの中心的な参加者であり指導的な推進者であるのは、おしなべてNATOにおける合衆国の同盟者である。〔ICC〕条約の規定に対して特別な適用除外を獲得しようとするアメリカの努力に対して、安保理でそれに反対して戦ったのはイギリスとフランスであった。「もしもアメリカ人がハーグのICCに引き出されたならば、合衆国は救出部隊を送り込むだろう」ともささやかれた。つまり、戦争犯罪で告訴された合衆国市民を「救出」するため、オランダを敵国として上陸する合衆国海兵隊の姿が目に浮かぶということである。

まるで不思議の国のアリスの世界である。合衆国のヒステリックな反応を説明するのは何なのか? 合衆国のタカ派の論理を共有してみると、そこに一つ大きな意味が浮かび上がる。実際のところ、ICCの創設は国際法の創造に、確実にさらなる一歩を踏み出すものであり、そのような一歩はすべて、既存の主権を確実に侵食してしまう。ICCの創設とは、まさにそういう意図のものである。もちろん、西欧各国が言うように、〔ICC〕条約は（たとえばミロシェビッチがいま特別法廷で訴えられているような）既存の国際的規範に反する非道な違反を取り扱うものとしてつくられている。つまりＩＣＣは、本質的に、特別法廷と同じ意図のものを常設化するものでしかない。また、現在の条約では個人がそのような犯罪で訴えられた場合、司法権はまずその個人が属する国家にあり、国家が事件を認めない場合にしかＩＣＣはそれを扱えないということも事実である。だから合衆国の市民がＩＣＣに引き出されるというようなことは、とりあえずはありえそうにない。

しかし合衆国は二つのことを言っている。〔一つは〕時勢が変化する可能性があるということ。そして世界には合衆国を恨むひとびとが多く存在し、その恨みは、多くの訴追を起こしうるほど大きく、結果として、それらのいくつかは合衆国が直面せざるをえない問題となるかもしれないということである。これはもちろん正しい。問題は、合衆国がこのような問題を解決する上で「法」に立脚するのか、それとも無法の世界で自ら「裁判員で陪審員、かつ騎兵隊」たらんと強弁するのかということである。

本質的孤立主義と本質的軍事主義の結合

現在の合衆国政府の態度の背後には長い歴史がある。合衆国にはずっと、国際法やその機関を偏見や事実上の敵意の目で見るひとびとが、かなりのまとまりとして存在し、そして彼らは政治的指導力を持っていた。この勢力は、本質的孤立主義を本質的軍事主義と結合させた。一九四一年以前は、この立場は共和党内で強い勢力をなしていた（民主党の「孤立主義者」は平和主義者の傾向があった）。もちろん共和党には「国際主義者」勢力もおり、ウォール街や大事業者、東海岸と結びついていたが、つねに少数派だった。

第二次世界大戦によって、孤立主義は不人気で政治的に成り立たないものとなった。アーサー・ヴァンデンバーグ上院議員が、その有名な方針転換に基づいて、新しい国連の体制を支持したことで、一九四五年以降の合衆国におけるいわゆる「超党派」外交政策を構築する政治的基盤ができあがった。また冷戦構造が存在するという事実が「国際主義」を大いに正当化したのはもちろんである。冷戦の終わりは、合衆国の右派による「国際主義」への参加の終わりを画するものでもあった。彼らは公式に一九四一年以前の位置、つまり孤立主義と軍事主義の結合へと立ち戻ったのである。この観点から見れば、NATOは合衆国の意向に全面的に迎合しない限り、「悪の枢軸」と同様に敵である。これが、先に合衆国海兵隊によるオランダ侵攻という仮説を論じたときにわれわれの目に浮かんでいたものの正体である。

分解するのはICCかNATOか

もちろん、このような合衆国の態度は、一つの「世界秩序」――そこでは「人権」を推進する組織としてICCが重要な役割を果たす――として、ヨーロッパ連合（およびカナダ）が構築しようとしているものすべてに大打撃をもたらした。合衆国のタカ派はそのような世界秩序には何の関心もない。彼らの関心は、合衆国一国の軍事的パワーを追求し、それをＮＡＴＯの同盟国のみならずすべてのひとびとに押しつけることである。合衆国の兵士が国際法や自然法の規範に背く行為を犯したからといってどこかで責任を負わねばならないというのは、タカ派にとっては絶対的に忌避されるべきことなのである。というのも――彼らの弁によれば――下士官某の裁判の次には、ヘンリー・キッシンジャーに対する告訴ということになるだろうからである。いや、ジョージ・Ｗ・ブッシュに対する告訴でさえ、どうしてありえないことであろうか。

ぎりぎりで成立した妥協のおかげで問題は一年間先送りになった。しかし大きな変化はないだろう。二つのうち一つが起こりうる。イギリス、フランス、そしてその他の国々が折れ、ＩＣＣは分解し、合衆国の「裁判員で陪審員、かつ騎兵隊」が勝利を収めるか、あるいは彼らは折れず、分解するのはＮＡＴＯとなるかである。これは決して小さな争いではない。

★訳注　ballistic は、アメリカ俗語では「かっとなった」、「腹をたてた」の用法があるが、本来の意味は「弾道の」（ballistic missile で「弾道ミサイル」）である。

●二〇〇二年八月一日 ………… No.094. "Japan and the Modern World-System" August 1, 2002

日本と近代世界システム

日本は近代世界の基本的な文化的現実――あらゆる国が文化的な混交から逃れられないということ――に適応する必要がある。

日本の近代史――近代世界システムへの包摂と経済的上昇

近代世界システムにおいて日本がたどった軌跡を見ると、その道筋は尋常ではないものであった。最初に目に止まるのは、日本が、地球上で、資本主義世界経済に包摂《インコーポレート》された最後の地域の一つであるということである。私は、その時期を十九世紀の半ば以降ということにしたい。包摂《インコーポレーション》の時期の遅さは、いくつかの要因に帰せられよう。すなわち、東アジア（そして特に日本）が資本主義世界経済の蓄積の中心から地理的に離れていたこと、（日本）国内の政治体が強力で、そのため植民地支配を敷くには適さない対象であったこと、またある程度までの話としては、掠奪の対象となるめぼしい富が相対的に欠けていたこと、などである。

しかし、十九世紀半ばにおいて、資本主義世界経済に存する拡張主義の必然性と徳川幕府の内的崩壊とが組み合わさって、西洋は日本の「開国」に成功し、明治維新へと至った。それから起こったのは、日本のエリートたちが、近代世界システムにおける一つのまとまりとしての日本の防衛と優位の獲得の上で最も良い方法について、かなり迅速にして、なかなかに明晰な決断を行なったように思われたということである。彼らのとった行動は、よく知られている。すなわち、経済的および政治的な「近代」技術を選択的に輸入して、外部の圧力に完全には没してしまわないような体制を創り出すこと、そして近代的な軍事組織を創設することである。

中国を「分割」しようとしている西洋列強によって、その次の獲物にされてしまうことを避け、日本は逆に「分割する側」としてゲームに参加するようになった。一八九五年に〔日清戦争で〕中国に勝利してから一〇年後、日本はロシアとの戦争に勝ち、朝鮮の侵略を行なった。一九一四年には、ドイツに対して宣戦を布告して、第一次世界大戦――それは本質的にはヨーロッパの戦争であったのだが――に参戦した。中国から、さらに利権をもぎとるためである。彼らは、その後三〇年にわたって、同様の対中政策を取り続けた。第二次世界大戦時には、日本は世界の主要な軍事大国の一つになっていたが、今回は、ドイツ側にたって参戦し、アメリカ合衆国を攻撃した。それが日本に東南アジア全域を侵略する口実を与えることになった。

日本の立場からすると、第二次世界大戦は惨敗であった。結果、多くの人命が失われ、破滅的な原子爆弾の投下を受け、産業基盤の大半は破壊された。しかしながら、多くの点で、敗戦は、試練のかたちをとった祝福であった。敗戦とアメリカ合衆国による占領は、軍事主義的複合体の解体と自由主義的な議会制の創設を導いた。それが楽園でなかったのはもちろんであるが、戦前の日本人が生きていた政治体制よりは、はるかに良いものであった。

冷戦においてソ連に対峙するアメリカ合衆国のさまざまなニーズは、特に朝鮮戦争の期間およびその後から、日本に経済的な好機をもたらし、日本はそれを最大限に利用した。日本が戦争装置を強制的に奪われていたという事実は、その活力を経済の領域に全面的に注ぐことができるということを意味していた。そうして二五年が経つと、日本は、平均的な半周辺国家のようなものから、世界経済における経済的巨人――「三極構造」と呼ばれるようになったものの一角を支える柱――の一つへと上昇した。経済の変容は、きわめて急速であり、全く尋常ならざるものであり、今日にいたっては、それを反転させることは不可能である。実際のところ、一九九〇年代の経済的困難も、基本的には、資本主義世界経済における主要な資本蓄積の場の一つとしての日本の地位を変えるものではなかった。

一九四五年以降において、日本で起こったこととドイツに起こったことを比較するこ

周辺国との関係がドイツと日本の戦後を分けた

とは興味深いことである。両国はいずれも、戦争に負けた。両国はいずれも、軍事力の再建の権利を否定された。両国はいずれも、敗戦の現実および過去の行ないに対する罪悪感に対処する方法について、内的な社会心理学的問題を、深刻に抱えてきた。両国はいずれも、経済的には、きわめて強力になった。しかし、ドイツは世界システムにおける政治的役割を再び獲得したのに対して、日本はこれまでのところ、そうすることができていない。

なぜできないのか。ドイツの状況と日本の状況との本質的な相違は、それぞれの直接の隣国――その隣国が前世紀にはそれぞれにとっての仇敵であったわけだが――が、ドイツにとってはフランスであるのに対して、日本にとっては中国であるということである。西欧は、一つの全体として、復興を――経済的、政治的、軍事的に――必要としていた。ドイツとフランスとは、だいたいにおいて、その規模および国力の点で対等である。二国は、本質的に、仏独同盟を軸として「ヨーロッパ」を創り出そうという決定を下した。この結果、ドイツは「西欧」およびNATOの枠組の内部において、再軍備を行なうことが可能になった。ヨーロッパにおいてドイツが行なった侵略が遺した心理的な傷跡は、積極的な協調的同盟によって、ゆっくりと癒やされ、少なくとも部分的には抑えられるようになった。ヘゲモニー大国であるアメリカ合衆国は――少なくとも、〔最近までのかなり〕長い間は――この努力を祝福した。

東アジアにおいては、状況は全く異なっている。中国は共産体制になった。日本との結びつきを緊密にすることになど、中国は何の関心もなかったし、またアメリカ合衆国としても、事態がそのように進展するようにはからうことに、全く関心がなかった。日本の軍事的再建を政治的に守る役割を果たすシェルターとなりうるような「フランス」が、〔日本の場合には〕不在なのであった。日本の過去の行ないによって心理的な傷を負った諸国——中国、韓国／北朝鮮★、東南アジア——が、癒しを得られるような、あるいは少なくとも痛みを和らげられるような広範な協調的枠組も不在であった。今やヨーロッパ統合の中心地たるドイツと比較すると、日本は東アジアおよび東南アジアの政治的舞台から、相対的に孤立したままになっている。

「移民」嫌忌から脱却できるか

ドイツと日本の比較については、もうひとつ注目すべき点がある。両国はいずれも、エスニシティ化された——つまり「純血性」が重要な論点となる——ナショナリズムの長い歴史を持っている。結果として、他国民の自国への「移民」という発想は、嫌忌されてきた。ドイツは、だいたいにおいて、この遺産から脱却してきている。それは、一つにはヒトラーのもとで行なわれたホロコーストに起因する恥辱によるものであり、また一つには、ヨーロッパの新しい文化的規範に適合する必要からでもある。かくしてドイツは、トルコから、きわめて多数の移民を吸収している。今日、そのことに対して、ドイツで不満の声があるにしても、それは、他の西欧諸国並のことに過ぎないし、さらに言えば、アメリカ合衆国にも、移民に対する不満の声はある。

日本は、ドイツと同様には、その文化的偏見から脱却していない。それは一つには、戦時中に犯された彼らの罪が、ドイツのものほどの非道さとは言いきれないからでもあり、また一つには、周辺諸国からその〔移民に否定的な〕規範を見直すように迫る一致した圧力をなんら受けていないからでもある。かくして日本は今日、移民に対して公式に敵対的な唯一の主要経済大国となっている。〔それは〕日本に移民がいないということではない。〔在日〕韓国／朝鮮人〔彼らは四〜五世にしてなお二級市民である〕のみならず、フィリピン人、タイ人、イラン人、ほかあらゆる種類の移民が存在しているのは、周知のとおりである。しかし、彼らは完全に政策の想定外におかれている。というより、彼らは不法入国者なのである。

二〇二五年の日本は？

日本が今後三〇年のうちに直面する問題はなんであろうか。私の予想では、日本は、世界経済の〔資本〕蓄積の過程において、さらに強力な存在となっていくと思われる。しかし、繁栄を期するならば、日本は自らが直面する政治的、軍事的、文化的ディレンマを解決する必要があるだろう。そのうち政治上の論点は、非常に単純なかたちで提示できる。すなわち、日本は、中国、そして韓国／北朝鮮〔今後一〇年から二〇年後には統一しているだろう〕との間に何らかのまともな政治的取り決めをつくりだす必要があるということである。これが実現しなければ、日本が世界システムにおいてまともな政治的役割を果たすことはできない。現時点で日本側が提供できるものは、その経済的知識・技術と資本蓄積であるが、〔日本・中国・韓国／北朝鮮という〕東アジアの三勢力間に、平等主義的な関係を創り出すことは、決して容易ではない。しかも世界のその他の勢力は、この点では、何の助けにもなってくれないだろう。

第二に、日本は、相対的に「普通の」軍事勢力になる必要がある。〔右に述べたような〕中国との関係がなんとかかたちになれば、これは、実行可能なことであるとはいえよう。だが、中国との関係がうまくいかなければ、日本は好ましからざる選択を迫られることになる。すなわち、右翼的な軍国主義的ナショナリズムの復活か、アメリカ合衆国への依存か（これは、日米いずれの側にとっても不健全な選択肢である）、である。

そして最後に、日本は近代世界の基本的な文化的現実――あらゆる国が文化的な混交から逃れられないということ――に適応する必要がある。さらにいうなら、主要な資本蓄積の中心のいずれにおいても、移民は経済的必要である。〔移民が引き起こす〕文化的ひずみは、それら諸中心のどこよりも〔日本において〕大きなものとなろう。しかし他方で、世界の他の地域では、論理と必要の圧力のもと、目覚ましい文化的再調整が達せられた例もある。日本でもそういうことは十分起こりうる話である。

二〇二五年の日本は、今日の日本とは全く異なる国になっているだろう。しかし、忘れてはならないことだが、それは世界システム全体としても同じことである。われわれは、世界システムのカオス的分岐の時代を生きているのである。事態は、われわれがこの五百年間に経験してきたいかなる激変よりも、はるかに激しい速度、激しい仕方で変化していくだろう。日本は、その他のすべての国々と同様に、この激変の渦のただなかにあり、日本に生きるひとびとは、その他のすべてのひとびとと同様に、その激変にいかに対処するか、自ら考え出していかねばならない。

★訳注　この箇所を含めて、以下、本稿に現れる「韓国／北朝鮮」の表記は、ウォーラーステインの原文では、いずれも、単にKoreaないしはKoreansである。

●二〇〇二年八月十五日 ……………… No.095. "Great Britain and the Modern World-System" August 15, 2002

イギリスと近代世界システム

イギリスはヨーロッパにおける多文化主義のモデルにもなりうる。

第二次大戦後のイギリスの落日

イギリスは今日でも重要なのだろうか？　かつて、そう遠い昔ではないが、それは太陽の沈まぬ帝国だった。第二次世界大戦の間、ウィンストン・チャーチルは、自分は大英帝国の清算に立ち会う最初の首相にはなっていないと語った。しかしまもなく一九四五年の選挙で彼が栄誉もなく、感謝もされずに退陣させられると、彼の後継者はまさにそうなってしまった。今日、帝国はいくつかの散らばった島々にまで縮小し（そしてそれも長続きはしないだろう）、郷愁のなかで生きていた大英連邦 the British Commonwealth of Nations は、「大英」"British" の形容をはずしてしまった。

一九四五年以降、イギリスには、なにかしら目立つところのある首相はふたりしか現れなかった――「鉄の女」、マーガレット・サッチャー、そして「第三の道」の闘士、トニー・

ブレアである。他はすべて（誰が彼らの名前を覚えているだろう？）まごまごしているだけだった。さて、マーガレット・サッチャーはともかくも大物だった。これは私も認めざるをえない。しかし正確なところ、彼女がやり遂げたことはなんだったのか？　彼女は、その労働組合に対する強硬姿勢によって、ひとびとの記憶に残ることを望んだ。しかし一九六〇年代以降、西側世界のどこにいっても、労働組合はたいしたことはしていない。彼らの力をそぐのにマーガレット・サッチャーの強烈な敵意など必要なかったのである。彼女について歴史が記憶しているのは、トーリー党的上流階級を粉砕したことと、フォークランド諸島（残存するわずかな帝国の一部）を取り戻したことであろう。

サッチャーが粉砕した保守の伝統

トーリー党／保守党は十九世紀の前半に政党として成立した。マーガレット・サッチャーの登場まで、彼らの歴史には二つの中心的要素があった。〔第一に〕彼らはつねに英国の貴族階級によって支配された。そして〔第二に〕彼らは啓蒙的保守主義の創始者でもあった。啓蒙的保守主義は、彼らが自由主義的中道主義の主導勢力となって、かなりのながきにわたって、従順な大衆から〔経済的〕報酬と政治的な権力をかき集めるための技術となった。彼らはまた、この近代世界のなかにあって最も封建的な社会的雰囲気をも、なんとか維持してきた。どれでもよい、舌を巻くばかりの映画の数々を観てみることだ。それらは、保守主義が文化の上でどのように機能してきたかを示している。

サッチャーは、これら二つの要素、両方を終わりにした。彼女は貴族階級の最後の残存勢力をすべて権力の座から追い払い、党の方向を、怒れる新興事業家と社会的上昇をとげたヤッピーもどきへ向けて転換した。保守党は二度ともとのようには戻らないだろう。イギリスの貴族階級もまたそうであろう。封建制よ、さらば！　そしていうまでもなく、啓蒙的保守主義は今や「第三の道」へとその姿を変じた。ただし、トニー・ブレアは決して貴族ではなく、またそれを取り繕うこともできはしないが。

フォークランド諸島についていえば、マギー〔サッチャーの愛称〕は確かにタフなところを見せた。彼女は島を取り戻した（英国の納税者にとっては高くつき、そこに住んでいたひとびとにとってはありがたい多額の投資を続けて）。その過程で――合衆国に大きな狼狽をもたらしたことに――彼女はアルゼンチンの将軍たちから権力を奪い（これについてはわれわれはみな彼女に感謝すべきだ）、アルゼンチンを、今日の絶望的状況へと至る道筋においたのである。アルゼンチンの絶望は南米を覆う過激派の波の発信源になっていることからすれば、いつの日か、南米の左翼は、マーガレット・サッチャーを賛美されざるヒロインとして歓呼することになるかもしれない（エヴィータ★と好対照だ）。

ブレアが破壊した労働党の伝統

トニー・ブレアはマーガレット・サッチャーが保守党に対して行なったことを労働党に対して行なった。彼は政党の権力のあらゆる伝統的な基盤を清算し、そのすべての政策を

（フェビアン派のバージョンまでを）投げ捨て、じゃれつく子犬のように、合衆国にまつわりついた。一九四五年以降のすべてのイギリス首相が合衆国と「特別な関係」にあることによって自らを慰めてきたというのは十分に真実ではあるが、ブレアのように人を当惑させるまでに、操り人形に——はじめはクリントンの、そして次はブッシュの——なったものはいなかった。ブッシュとブレアがイラクに侵攻したならば、労働党は存続できるのかどうかも怪しまれよう。自由主義は最終的には中道に戻ってくる可能性はある。〔しかし逆に〕政治的な分極化が起こる可能性もある。実際イタリアではこれが起こり、そしてアルビオンのベルルスコーニ卿が権力を獲得した。

ヨーロッパ統合でイギリスはどうなるか

だとすれば、イギリスは本当に重要なのか？　もちろん、イギリスはいまだ何枚かの強力なカードを持っている——一つはシティ〔ロンドンの金融街〕である。しかし最終的にイギリスが本当にヨーロッパに統合されたなら、シティ〔の役割〕があっけなくフランクフルトに移動するということも起こりえないことではない。しかし、そうはならないかもしれない。イギリスはヨーロッパにおける多文化主義のモデルにもなりうるのだから。だがその栄誉を得るためには古い宿敵であるフランスと争わなければならないかもしれない。あるいはイギリスが世界の芸術の中心として栄えることだってありえよう——フィレンツェとしてのロンドンというわけだ。そうなるとダイアナの息子は壮麗な君主となろう。私は、彼の戴冠はおろか、結婚すら待ちきれない気分だ。

スコットランドとウェールズは、〔イギリスからの〕分離独立が実際にやるほどの価値のあるものではないと最終的に考え至るかもしれない（私はその目に賭けるつもりはないが）。そして個人的には、私はシェイクスピアを読み続けるだろう。

★訳注　一九四六年から五五年までアルゼンチンの大統領であったペロンの夫人、エヴァ・ペロンの愛称。ペロンは典型的なポピュリストで、ラジオの人気者であったエヴァは、大衆からの支持を獲得する上で大いに役立った。彼女の人生は『エヴィータ』というミュージカルになっているほか、マドンナの主演で映画化もされている。

●二〇〇二年九月一日 ………… No.096. "George W. Bush, Principal Agent of Osama bin Laden" Sept. 1, 2002

ジョージ・W・ブッシュ

【オサマ・ビンラーディンの筆頭代理人】

合衆国執行部のタカ派がかくも強く望むこの結果は、世界における合衆国の政治的影響力を——しかもまずもって同盟国と友好国に対する影響力を——最も素早く確実に喪失させるものである。

内外からのイラク攻撃反対論

二〇〇一年九月十一日、オサマ・ビンラーディンは、合衆国に由々しき損害を与えることと、そして「悪しきイスラム」政府、その中でも特にサウジアラビアとパキスタンを打倒することという彼の意思をはっきりと世に示した。ジョージ・W・ブッシュは、彼のこれらの目標を達すべく鋭意奮闘している。実際のところジョージ・W・ブッシュの存在なしでは、オサマ・ビンラーディンはこれらの目的を——少なくとも短期間には——達することはできないと言ってもよかろう。

ジョージ・W・ブッシュはイラク侵攻の準備を行なっている。この動きに対する反対は強いものとなりつつある。最初に、合衆国内において二つのグループがここ数週間で強硬な主張を行なうようになってきている。一方は「老ブッシュ陣営」と言及されるところの、ジョージ・W・ブッシュの父親および彼とかなり親密な顧問たちである。ジェームズ・A・ベイカー、ブレント・スコウクロフト、そしてローレンス・イーグルバーガーら――全員、先のブッシュ政権の権力中枢グループの面々である――は、国連の承認なしの侵攻は賢明ではなく、その上不必要で、単に合衆国にとって有害な結果しかもたらさない、というきわめて強い警告を発している。

さらに軍部の反対がある。いうまでもなく、ブレント・スコウクロフトは、かつての将軍である。加えて、われわれは湾岸戦争において合衆国軍を率いたノーマン・シュワルツコフ、中近東において全合衆国軍を指揮し、現政権のイスラエル・パレスチナ特使であるアンソニー・ジニ、そしてコソボ作戦においてNATO軍を指揮したウェズリー・クラークらからも〔反対の声が〕出ている。彼らはみな、イラク侵攻は軍事的に容易ではなく、また現時点において軍事的に必ずしも必要ではなく、そして侵攻は合衆国に有害な結果をもたらすと述べている。これらの退役した軍事指揮官は現役の多くの軍人の声を代弁しているものと考えられている。

これに加えて、多数党である下院共和党院内総務リチャード・アーミー、ベトナム退役軍人であり、ネブラスカ州選出の共和党上院議員チャック・ハーゲルがいる。ここまで加えるとなると、ブッシュの冒険計画に対しては、身内に強力な反対があるということになる。このリストには民主党員は一人も入っていないことに注目していただきたい。民主党はこの議論において異常なほど、そして恥ずかしいくらい臆病であり続けている。

そして合衆国の友好国、同盟国からの反対がある。カナダは侵攻を正当化するようないかなる証拠も見出せていないと述べている。ドイツは決して軍隊を送らないだろうと言いきった。ロシアはこの数週間で悪の枢軸国のメンバー三カ国――イラク、イラン、北朝鮮――とこれみよがしの会談を行なった。「穏健な」アラブ諸国、すなわちサウジアラビア、ヨルダン、エジプト、バーレーン、カタールはイラクへの攻撃に国土を利用することは許さないと先を争って述べたてた。クルド人は、合衆国が主催して合衆国で開かれた反イラクの会合に参加することを拒んだ。そしてイギリスにおいてさえ、合衆国は困難な事態に遭遇している。なるほどトニー・ブレアは相変わらず忠実であるようだ。しかし合衆国が彼の助けになるもの（すなわち、きちんと表に出して示すことのできる〔イラクの大量破壊兵器開発やテロリスト幇助の〕具体的な証拠）を何も提供してくれないことに対しては、彼も不満を持っている。イギリスの多数の市民は軍事的行動に反対しており、ブレアは議会において、それを審議することを拒否した。強力な反対が――その筆頭はロビン・クックである――存在することを知っていたからである。

なるほど、ジョージ・W・ブッシュに忠実な支持者がいないわけではない。アリエル・

シャロン〔イスラエル首相〕とトム・ディレイ〔共和党超保守派のリーダー〕だが、それくらいのものだ。合衆国執行部は批判に何と答えるのだろうか？　ジョージ・W・ブッシュ自身は、イラク侵攻をめぐる議論を「頭に血が上っている」と軽くいなし、いまだ何の決定もなされていないと述べたが、誰もそれを信じていない。チェイニー副大統領は、たとえサダム・フセインが査察官の再調査を受け入れたとしても、彼は打倒されなければならないと述べている〔これはトニー・ブレアでさえ受け入れられなかった見解である〕。そして国防長官ラムズフェルドは、合衆国が正義の行為とみなしてその正義を行なうときには、残りの者はそれに従うだろう、と述べている。彼が言うには、これがリーダーシップという語の意味なのである。

要するに、タカ派――そこには今やジョージ・W・ブッシュも含まれる――の観点からすれば、〔イラク侵攻への〕反対は的外れなものであるということだ。実際のところ、彼らにしてみれば、誰からも助けなどなしに進む方が好都合なのである。彼らが証明したいのは、誰も合衆国政府を拒み通すことはできないということなのである。サダム・フセインが何をしようと、他の者が何を言おうとも、合衆国を嘲ったからには打倒するというのが、彼らの意思なのである。タカ派は、サダムを粉砕することによってのみ、合衆国が世界の首領であること、そして合衆国があらゆる面で従われるべき存在であることを世界にわからせることができると信じている。だからこそ、彼らはまた、新しく設置された国際刑事裁判所の管轄に入る案件において合衆国市民に特別の待遇を保障させる〔ような内容を持つ〕合衆国との二国間協定への署名を他国に迫るというめちゃくちゃなアイデアを推し進めているのだ。原則はここでも同じである。合衆国は国際法の対象にはなりえない。なぜならアメリカは世界の首領だからだ。

イラク攻撃の結果の三つのシナリオ

もちろん、すべての反対勢力の言っているのは——友好国からの反対であり、アルカイダのそれではない——合衆国が自らの首を絞めており、そしてその過程で合衆国が他のすべての者に巨大な損害を引き起こそうとしているということである。合衆国がやろうとしている行動が国際法に照らして違法であることを措くとしても〔一国への侵攻は領土権の侵害であり、領土権の侵害は戦争犯罪である〕、それは愚かなことだ。侵略の結果としてありうる事態を三つ見てみよう。〔第一に〕合衆国が、素早く、容易に、そして最小限の人命の喪失で勝利を収めるという可能性がある。〔第二に〕合衆国が、長い消耗戦の末、多大なる人命の喪失と引き換えに勝利を収めるという可能性がある。〔第三に〕合衆国が、ベトナムでのように敗北を喫し、多くの人命を喪失した挙句にイラクから撤退を余儀なくさせられるという可能性がある。明らかに合衆国執行部の希望であるところの、素早く容易な勝利は、最もありそうにない。私はこれを二十に一つくらいの可能性だと考える。長い消耗の果ての勝利は最も可能性が高く、おそらく三つに二つくらいの可能性だろう。そして信じられないようなことではあるが（とはいえベトナムのときもそうであった）、実際に敗北するという結末の可能性は話にならないようなものではなく、三つに一つくらいの可能性がある。

いずれにせよ、この三つの結果のどれもが合衆国の国益を損なうことになる。合衆国が容易かつ迅速に勝利した場合のことを考えてみよう。それは全世界に強い印象を与え、全世界を恐れさせ、全世界の生命を脅かすことになる。合衆国執行部のタカ派がかくも強く望むこの結果は、世界における合衆国の政治的影響力を――しかもまずもって同盟国と友好国に対する影響力を――最も素早く確実に喪失させるものである。タカ派はそれが合衆国の力を復興するだろうと論じる。だが実際は、それは合衆国の力を荒廃させるのだ。合衆国はわずかばかりの追従者と大多数の国々の煮えたぎる怨嗟を得て、友なき存在となるであろう。

勝利がいったい何をもたらすのか？

そしてまた、その容易な勝利の次に何をするのかという問題がある。合衆国は、イラクを解体させないということについて、トルコおよびヨルダンと、そしておそらくはサウジアラビアとも約束した。しかし、この約束は守ることができるのだろうか？　できるだろう。ただし、それは合衆国が植民地総督を送り、少なくとも二〇万人の軍隊を長期の進駐軍として送り込むとすれば（一九四五年以降の日本のように）の話である。しかし合衆国にそうする意思はない。この考えは、合衆国執行部にとって、国内においてきわめて有害な結果をもたらすだろう。侵攻後のイラクは一九九〇年代初頭のボスニアのように——つまり内外の民族主義勢力の餌食に——なってしまうだろう。イランについていえば、合衆国は、イランを味方につけたいのか、それとも次にイランを侵略したいのか決定できないでいる。いずれにせよ、イランはイラクの敗北を可能な限り最大限に利用しようとするであろう。よってイランは実際のところ〔イラクの〕解体を歓迎するだろう。

いわゆる穏健アラブ諸国は、合衆国の侵略が最初に彼らの政権に損害を与え——場合によってはそれら諸政権は生き残れないかもしれない——またすでに望み薄となったイスラエル／パレスチナ問題の何らかの解決も事実上不可能になってしまうとして、合衆国の侵略に激しく反対している。このことはあまりに明白なので、いったいどうして合衆国執行部がそれを否定するような考えを持ちうるのか訝られる。イスラエルおよびパレスチナのタカ派は際限なく強力となり、かつてないほどにあらゆる妥協案に背を向けている。それが誰からの提案であろうとも、である。

次に最も可能性の高い結果がある——長く、ずるずると引き伸ばされた血まみれの戦争の可能性である。イラクは、石器時代に戻るほど徹底的に爆撃されてしまうかもしれない（猛烈なタカ派はそういう夢想を持ちがちだ）。核攻撃さえあるかもしれない。その間にイラクは、なにかしら彼らが保有する恐ろしい武器を使用するだろう。これらの武器は合衆国の宣伝活動が断定するよりもその数は少なく、威力も非力であるかもしれないが、たとえ微力であっても一定地域全体に（もちろん第一にイスラエルだ）計り知れぬ人的被害をもたらすことは可能である。遺体袋が増えていけば、合衆国の市民間に、悪意に満ちた社会的不和が引き起こされていくだろう。戦争の経済的コストは、世界の原油供給へのインパクトと同様、世界経済における合衆国の相対的な地位にも、ベトナム戦争のときと同種の長期的な損害を与えるだろう。そしてもし合衆国が、核兵器の使用という道徳的な非難を――広島と長崎における非難に加えて――課せられるならば、世論が鎮まるまでには五〇年はかかるだろう。そしてその上で、合衆国が最終的に勝利したとしても、そのとき次に何をするのか、全くその方向すらもないという同じ問題が残されているのだ。

三つ目のありうる結果――敗北――は、あまりに恐ろしく、後の世代がどのようにそれを評価するのかを考えるのは躊躇される。おそらく、深刻な可能性としてこのことを鑑みなかったワシントンの人間の無能力さが、だれかれかまわず、きわめて強く非難されることになるだろう。精神科医はこれを否認★と呼ぶ。

オサマ・ビンラーディンにとって、これ以上の望みがあろうか？

★訳注　現実を現実として認めることを主体が拒否する防衛機制の一つ。

No.097. "9/11, One Year Later" Sept. 15, 2002

九月十一日、一年後

●二〇〇二年九月十五日

中東における次に起こされるこの爆発から予期しうるのは、熱狂的なイスラム〔原理〕主義者と抑圧的な将軍たちだけである。

「われわれはみなアメリカ人である」

今日、九月十一日という象徴が何を示しているかは誰もが知っている。それはオサマ・ビンラーディンの信奉者のグループが、合衆国の四機の飛行機を強奪し、ニューヨークのツインタワーを破壊しおおせ、ワシントン郊外のペンタゴンに損害を与えた日を示している。数千の人名が失われた。結果として、ブッシュ大統領は「テロリズムとの戦い」を宣言し、そして「われわれは間違いなく勝利する」と述べた。彼はあらゆる地域のあらゆるひとびとに対してこの戦争で合衆国を支持するよう求め、われわれに味方しない者は敵だと述べた。彼はオサマ・ビンラーディンを捕えることを約束した――「生死を問わず《デッド・オア・アライヴ》」である。

テロ攻撃に対するアメリカのひとびとの直接的な反応は、ブッシュ大統領および彼による提案へのきわめて大規模な支持であった。さらに、攻撃にさらされたアメリカへの同情も世界規模で高まった。『ル・モンド』紙の〔テロ攻撃の〕翌日の社説に、「今やわれわれはみなアメリカ人である」という見出しがついたのは、ひとかたならぬ驚きであった。ブッシュの当初の計画の遂行の方式は二つあった。まず国際的には、反テロ活動の大同盟を作ろうとした。そこには、アフガニスタン国内で強い勢力を持つと考えられるタリバン政権およびアルカイダを打倒するためのアフガニスタンへの派兵も含まれている。国内的には、愛国法の可決に最も顕著に現れたように、彼は安全保障政策を大幅に改めようとした。同法は、合衆国政府がその活動に対する法的な障害をのりこえる上で、かつてなかったほどの強力な力を与えるものであった。この法案は、米国議会においてほとんど全会一致で可決された。

「われわれはみな反アメリカになった」

かくて、ブッシュ政策の当初の成功はかなりなものと見えた。合衆国は国際世論において優位を獲得したように思われた。タリバン政権はさしたる困難もなしに軍事的に一掃された。ビンラーディンとアルカイダの大部分の指導者は捕えられなかったとはいえ、彼らは「敗走」したように思われた。ところがそこから状況は変化し始めた。まず合衆国は、その関心の所在を移し始めた。ビンラーディンとアルカイダの追跡〔という目的〕は、別の目的、すなわちイラクの「体制転覆」という目的によって、徐々にかすんでいき目立たなくなっていった。この〔イラクの「体制転覆」という〕目的は、先に「テロリズムとの戦い」が引きつけたような世界規模の賛同を全く得られなかった。むしろ全く反対であった。あまりに多くの声が「先制攻撃」への異議を唱えて立ち上がったように見えたので、今や合衆国政府はイラク攻撃が〔テロ事件から続く一連の問題と〕全く別の問題ではないと納得させるのに躍起になっている。『ル・モンド』紙は、〔テロ事件から〕一年経って第二の社説を出した。そしてそこには「一年前の団結として現れた反応は、もはや変わってしまい、世界のあちこちで、むしろわれわれはみな反アメリカになったという信念へといきつきそうな勢いである」と書かれた。ドイツ――一年前にはまだ合衆国の飽くことなき同盟国と考えられていた国である――の首相が今、接戦の選挙で世論の支持を獲得しているのは、彼が、たとえ国連安全保障理事会が認めたとしても、ドイツはイラク侵略に軍隊を送りはしないと断言しているからである。

初めて権力を握ったアメリカのタカ派

この一年の間に何が起こったのか？　答えは、それが誰に向けての問いであるかによる。まず合衆国執行部のタカ派と呼ばれるひとびとから始めてみよう。今や彼らが事態を左右する立場にあるように思われるからである。彼らは、合衆国が長い間頼りにしてきたはっきりしないたぐいの支持を切り離し、合衆国の国益を保証する唯一の政策を――五〇年以上の時のなかで初めて――主張しているつもりである。彼らは、合衆国には先制攻撃を行なう正義があるばかりか、そのようにする道徳的義務があるとさえ信じている。彼らは、それが多くの諸国民と多くの政府を不快にさせることを知っている。しかし国防長官ラムズフェルドが先週述べたように、もし合衆国が正当とみなすものがあり、そして合衆国がそれを行なうときには、他の者はそれが正しいということを知り、最終的には支持するであろうと彼らは信じているのである。一国主義《ユニラテラリズム》はタカ派にとっては、間違いなどではなく、無分別なことでもない。それどころか、それは叡智あふれるやり方なのだ。

ラムズフェルドが言う〔最終的にはアメリカを支持するであろう〕「他の者」とはいったい誰のことなのか？　それは、合衆国と価値を共有していると主張しつつ、一国主義《ユニラテラリズム》の考え方に躊躇し、多国間主義《マルチラテラリズム》への復帰を迫ろうとするすべての者のことである。すなわち、合衆国においては、ジェームズ・ベイカーのような強い信念を持つ共和党員や、クリントン陣営であり、合衆国外においては、合衆国の伝統的な同盟国であるカナダや西欧諸国、そしてイスラム世界におけるいわゆる穏健派のひとびとのことである。ラムズフェルドは彼らの反対は一息で消えるようなものであり、ドラゴンがひとたびその炎を吐けば、すべては消え去るであろう、と考えている。ラムズフェルドは彼らが大きく無視されたときどういう行動をとるのかについて正確な判断をしているだろうか？　それは今にわかることである。ただおそらく彼も部分的には正しいのである。すでに彼らのうちのいくつかは腰砕けになっており、後から同意するための体裁を取り繕おうとして一応の協議を求めているに過ぎない。

イスラム世界にとっての、この一年

〔次に、問いを〕イスラム世界の穏健派に向けてみれば、彼らは頭を抱えてタカ派の狂気を嘆くだろう。彼らはその毎日を自分たちの地域的現実のなかで生きている。彼らは自身の力の限界を知っている。彼らはまた、自らの地域における合衆国の力の限界を、合衆国よりも知悉している。彼らにとって、合衆国は神殿を壊したサムソン★のようなものなのだ。彼らはサムソンが壊した神殿の下敷きになり、巻き添えを喰って死んでしまうのである。しかし彼らはまた、今日では自らの声が実質ワシントンにとって無きに等しいことを知っている。疑いなく、彼らの多くは自らの個人的運命をアラーの御手に委ねている。スイスの銀行家にも委ねているかもしれないが。

〔さらに〕もし何が起こったのかをビンラーディンに尋ねたとすれば、おそらく彼はすべてプラン通りに進んでいると答えるだろう〔私はこのことを前回〔第九六番〕のコメンタリーで論じておいた〕――無論、彼が地政学的な皮肉を操れればの話だが。ブッシュ大統領は、合衆国の目的は中東における民主主義の展望を強化することであると述べている。しかし、真にこれを目的としているひたむきな少数のひとびとは絶望し、悲痛に身をよじっている。彼らは、中東における次に起こされるこの爆発からは、存続可能ないかなる民主主義も生じないということを知っているのだ。彼らが予期しうるのは、熱狂的なイスラム〔原理〕主義者と抑圧的な将軍たちだけである。それは、現在彼らが拠っているわずかに開けた空間をも奪ってしまうだろう。

サダム・フセインはひどい人物である。しかし彼は、きわめて長い間、彼の任期中のほとんどの時期を通じて、合衆国、ソヴィエト／ロシア、フランスの政府の強い支持を得てきた。語られるべきことがすべて語られ、なされるべきことがすべてなされたときには、彼は〔希代の大悪党などではなく〕世界の舞台におけるほんの端役となっているだろう。しかし付け加えて言えば、彼は、歴史的に見て、かなり思慮のある人物である。彼の第一の目的は政権を握り続けることである。彼の第二の目的は、彼をリーダーとしてアラブ世界が軍事的に強力になることである。そしてまさにそれが、彼に思慮を授けたのである。

イラク戦争が世界システムに突きつける三つの危険

来るべきイラク戦争がわれわれすべてに突きつける危険は三つである。（1）ハンチントンの言う「文明の衝突」が、言葉の上だけでの〔誤った〕現実把握から、〔世界を〕組織だてる一つの原理へと変化し、〔実際の世界のあり方として〕たちあらわれる方向へ向かう可能性。（2）核兵器の使用の可能性。実行されれば、その結果としてタブーは消滅し、未来にはその使用が当然のことになる可能性がある。（3）間国家《インターステイト》システムが、約五百年もの間非合法化しようとしてきた「先制攻撃」を合法化してしまう可能性。そしてこれらすべての危険の積み重ねの上に何がもたらされるのかといえば、明確な成果も、見えるかたちでの直接の目的も何も存在しないのである。われわれは混沌の世界に生きている。しかし、われわれはかくも過激に賭け金をつり上げる必要などないはずだ。にもかかわらずわれわれがそうしようとしているのは、不幸なことである。

★訳注　サムソン――古代イスラエルの伝説的英雄で、民間説話的素材を多く含む〈サムソン物語〉の主人公。神の助けでうまずめの母マノアから生まれ、霊能の怪力を授かったので、宿敵ペリシテ人を数多く殺した。しかしペリシテの女、デリラ Delilah を愛して、ついに怪力の秘密を洩らして髪を切られ、捕らわれて目をえぐられた。しかし獄中で伸びた髪のおかげで怪力が戻ったので、神殿の柱を揺さぶり倒壊させ、祭りの群衆三千人を巻き添えにしてみずから死を選んだ。

●二〇〇二年十月一日 ……………… No.098. "The Battle of the Resolutions" Oct. 1, 2002

決議の戦い

第二次アメリカ・イラク戦争は国際世論の動員をめぐる小競りあいを展開している。それは諸々の決議間の戦いである。

第二次アメリカ・イラク戦争は国際世論の動員をめぐる小競りあいを展開している。それは諸々の決議間の戦いである。特定して言えば、それは二つの決議間の戦いである。一つは合衆国議会によって可決される決議、もうひとつは国連安全保障理事会によって可決される決議である。

話は二〇〇二年の初夏あたりから始まる。その時点で、合衆国政府が、すみやかにイラクに侵攻するという決定を下していたのは明らかである。タカ派は合衆国内での戦いに完全な勝利を収めたと信じていた。彼らの望みは、一切の決議なしに、十月に侵攻することであった。彼らが決議を望まなかったのには二つ理由がある。〔一つには〕彼らは、彼らにとって許容しうるような決議を引き出すのは少々困難であるかもしれないと考えていた。

合衆国内からの予想外の反論

しかしさらに重要なのは、現在にも将来的にも決議など必要ないということを彼らは示したがっていたということである。合衆国政府は、もし妥当とみなされれば、いついかなる場所でも先制攻撃を行なうという原則を確立しようとしていた。そして彼らは十一月の議会選挙で共和党が上下両院の過半数を獲得するのを確実にするべく、十月に戦争を開始しようとしていたのである。

彼らにとって驚くべきことに、合衆国政府は予想していた以上の反対にあうことになった――胡乱《うろん》な同盟勢力（フランス、ロシア、中国、サウジアラビア、エジプト、合衆国民主党）からのみならず、もっと影響力のあるところからも反対の声が上がったのだ。すなわち、いわゆる「老ブッシュ陣営」（それは共和党における長老たちである）、下院の共和党院内総務であるアーミー、そして高名な退役軍人たち（明らかに現役の将軍たちを代弁している）の名も長々と挙げられる。さらにトニー・ブレアは、イギリスの国民と政治家を引っ張っていくのはなみたいていのことではないと言ってよこしてきた。要の人物であるブッシュ大統領自身は、支持の流出に歯止めをかけねばならず、決議を求めることでこれを果たそうとした。国内の主流的見解は三重になっていた。（a）合衆国政府は決議を勝ち取ることができる。（b）サダム・フセインは真の査察に決して応じないであろう。（c）そうなれば、合衆国は一月に戦争を開始できる。ただし、それはいっそうの国際的支持と国内的支持があってのことである。一月は合衆国軍が設定した期限であり、その理由はイラクの気候状況によるものであった。もし一月でなければ、そのときには一月から数えて少なくとも六〜九カ月の延期となる。さらに、決議を求める戦いは、民主党の足元に火をつけ、それによって、十一月の議会選挙では、ほとんど実際に戦争をするのと同じくらい政治的な役割を果たすだろう。

かくて、九月にブッシュは国連への声明を出し、二つの決議を要求した（国連と合衆国議会）。この決定は事実上、パウエル＝軍の制服組＝「老ブッシュ派」の小さな勝利であった。彼らが満足し、態度を軟化させたことはジェームズ・A・ベイカーがただちに寄稿した歓迎ムードの署名記事論文に認められる。タカ派が全く満足していなかったことは、〔ブッシュの〕声明の直前に『コメンタリー』誌の九月号に掲載されたかつての超タカ派ノーマン・ポドレッツの論評に、ことこまかに読み取ることができる。ポドレッツの論評は「ブッシュ・ドクトリン礼賛」と題されている。これはきわめて魅力的な論評であり、注意深く読む価値がある。この論評は三つの論点を提示している。（1）先制攻撃というブッシュのドクトリンはすばらしいものであり、それはブッシュの父というよりは、ロナルド・レーガンの伝統を受け継いでいる。（2）これらの問題に対して、ブッシュ（息子）は、九月十一日以降になって初めて有能さを発揮するようになった。（3）ブッシュは現在動揺しているようだ。鍵となる一文——かなりくだけたアメリカ的口語文体で書かれているのだが——

「ブッシュ・ドクトリン礼賛」

はこれだ。「だからといって、ブッシュがこれまで言ってきたのと同じように、この先やっていくかどうかはまだ決まったわけではない」。

ポドレッツが「これまで言ってきたのと同じように、この先やっていく」というときに念頭においているのは、ブッシュが、アフガニスタンとイラクの後に、イランおよび北朝鮮のみならず、シリア、レバノン、リビア、そしてサウジアラビア、エジプト、さらにパレスチナ自治政府（アラファトは除くとしても）と対決すべきであるということである。ポドレッツはパキスタンを除外しているが、これはただムシャラフの変節によるものに過ぎず、もしムシャラフが去ることになれば、ポドレッツはためらいなくパキスタンをこのリストに加えることだろう。つまり少なくとも、タカ派は、明らかにムスリム世界において絶対的に終わることのない戦争を考えているということがわかる（そしておそらくさらにその先も――たとえばキューバか？）。

決議の文言をめぐる戦い

さて、（右のようなタカ派の意図は）私に読み取りうることなのであるから、合衆国議会のメンバーおよび国連安全保障理事会のメンバーも読み取りうるはずである。彼らは決議案を通過させるのか？　しかり、無論だ。しかし戦いはそこで起こるのではない。戦いは決議の文言をめぐるものとなる。そしてその戦いは、その戦いの戦われ方をめぐって戦われる。合衆国議会においては、戦いは威嚇とはぐらかしがまぜあわされて戦われている。ブッシュ陣営は、民主党が政府の望むかたちでの決議に投票しないなら、民主党の宥和（的利敵行為）を――あるいはもっとひどい訴因で――告発するぞと脅しをかけている。これは今のところ明らかに効果を発揮している。民主党首脳陣は、選挙までに残された時間で有権者に他の争点（国家経済、社会保障削減の脅威、医療を要する高齢者対象の保険など）を喚起するために、迅速に決議案に賛成したがっている。しかし、一般の有権者の間には海外での戦争への不安が多く存在している。アル・ゴアは対イラク慎重論を記した手記を発行することで、大統領選に向けた再度のキャンペーンの賭けに出ることを決めた。彼はこれについて悪意ある糾弾にさらされている。それにも拘わらず、ゴアの発言は、ケネディ上院議員（および他の議員たち）の追従を促し、「国家安全保障への関心の欠如」として民主党を攻撃したブッシュに対してトム・ダシュルが世論の怒りを代弁し、下院における民主党ナンバー2のボニアー議員をバグダッドに飛ばせ、「戦争に突き進むのはやめよう」と言わせるのに十分な力があった。もっともこれらすべての結果も、最初に提起された決議案がわずかにトーンを落としたという程度のことに過ぎない。新しい決議案は、ブッシュにあらゆる軍事行動への認可を与えるものではなく、ただイラクにおける軍事行動をのみ認めるものとなろう。このバージョンの決議案は、まだ文言をめぐる論争はあるかもしれないにせよ、おそらく一週間かそこらで大多数の賛成をもって通過することだろう。

国連安全保障理事会における議論はおそらくブッシュにとって、さらに困難なものとなるであろう。合衆国はイラクの武装解除の厳密な期限と、それがなされなかったときの戦争の許可を求めている。イラクは「査察を受け入れる」と述べてブッシュの裏をかいたが、それは合衆国が受け入れうる基準にははるかに及ばない、昔の国連決議（一九九八年）の基準に則ってのものであったようだ。ハンス・ブリクスは国連の代理人として査察の再開を交渉するべくウィーンにいるが、当然のことながらそれは既存の国連の命令、すなわち一九九八年のそれによるものである。

その間にも合衆国は拒否権を持つ信用できない三カ国——フランス、ロシア、中国——に対して、イギリスの提案（それは合衆国の望みにほかならないのだが）を受諾するように（あるいは少なくとも拒否権を発動せぬように）強い圧力をかけつづけてきた。これまでは、三カ国はそれぞれアンビヴァレントな声明を発し続けてきた。フランスは決議による戦争の認可を全く望んでおらず、そうした認可はイラクが最初の決議を公然と無視していることが確定的となったならば、そのときに、第二の（ないしはさらに後の）決議とすべきであると述べてきた。このフランスの見解は、しばらくの間、戦争を先送りするであろう。というのも、最初の決議案が無視されるかどうかを決定するには時間がかかるし、確かにイラクが決議を無視しているという〔安保理各国の〕合意も必要だからである。ゆえに、この「第二の決議」方式

さらに困難な国連安保理での戦い

がとられれば、戦争は一月には起こらず、二〇〇三年の秋ということになるだろう。フランス、ロシア、中国は互いに調子を合わせて、おそらくある程度までその最終的な立場を同調させてくるだろう。ただ現時点では、国連決議の文言について確かなことは言えない。しかし、合衆国の大きな圧力にも拘わらず、国連決議は合衆国の望むものよりも弱いものになることはまず確実である。

それでも開戦を選択するブッシュ

では、何が予期されるのか？　かなり強力な合衆国議会の決議案、不確定な十一月の選挙の結果、そして微温的な国連決議である。そして国連が行なおうとすることすべてに対するサダム・フセインの曖昧な対応である。十一月が来れば、われわれは選択の瞬間に立ち会うことになる。世界は、フセインが国連決議を履行したかどうかに関して合意することはないだろう。そしてわれわれは合衆国が単独で（おそらくは英国も一緒だろうが）進むかどうか（という問題）に立ち戻ることになる。タカ派にとって、それは逃がしてはならない好機である。そして彼らは国際的な支持の有無にかかわらず、一月の侵攻に全精力を傾けるだろう。ブッシュ大統領は、彼らの英雄か敵役かのどちらかとなるであろう。敢えて予測するなら、ブッシュは彼らの英雄になることを選ぶだろう——その長期的な結果はどうあれ。

●二〇〇二年十月十五日No.099. "The U.S.-Iraqi War, Seen from the longue duree" Oct. 15, 2002

長期持続《ロング・デュレ》から見たアメリカ・イラク戦争

一九四五年から今日にいたるまでの間に、公となっている核兵器の所有国は一カ国から八カ国になり、これから二〇年後にはその数は二〇を超えているだろう。サダム・フセインがいようがいまいが、イラクはそのうちの一国となっているであろう。

ヘゲモニー大国アメリカの歴史

長期持続《ロング・デュレ》の観点から見ると、アメリカ・イラク戦争についてどんなことが言えるか。主として三つのことが挙げられる。第一は、合衆国が現在の立場をとる理由に関するものである。〔長期持続《ロング・デュレ》の観点から見ると〕合衆国は、世界システム〔の歴史〕におけるヘゲモニー大国の一つとみなさざるをえない。ただそのヘゲモニーは今、衰退期の始まりにある。合衆国の興隆はおおまかにいって一八七三年に始まった。すでにピークを過ぎヘゲモニー大国としては衰退を始めたイギリスに代わる後継勢力として、合衆国が、二つの候補の一方〔もう一方はドイツであった〕の位置についたのがその頃である。

合衆国の長期的上昇は、一八七三年から一九四五年にかけて進んだ。そして合衆国は、一九一四年から一九四五年にわたる長い「三十年戦争」においてドイツを打倒せねばならなかった。この「三十年戦争」に続く短い時期が、真のヘゲモニーが成立していた瞬間であった。すなわち、一九四五年から一九七〇年の時期である。この時期を通じて、合衆国は世界経済の舞台において、断然最も効率的な生産者の役割を果たした。また合衆国は、唯一の軍事的ライバルであるソヴィエト社会主義共和国連邦と（ヤルタ協定に象徴される）「現状」の維持で合意し、主要な産業諸国からの軍事的および政治的支援を合衆国に保障する一連の政治＝軍事的同盟（NATO、日米安保条約、ANZAC〔オーストラリア・ニュージーランド連合軍〕）を築くことで、世界を政治的にも支配した。このヘゲモニーは合衆国の空軍および核兵器に基づいた（そしてソヴィエト連邦との「恐怖の均衡」と結合された）軍事機構によって維持されていた。

一九六〇年代――衰退の始まり

こうしたのどかな状況は、まず二つのことによって乱されることになった。第一は、一九六〇年代の西欧と日本の経済的上昇がある。それは合衆国の経済的優越を終焉に導き、おおまかに均衡した三極的な経済構造へと世界システムを変化させた。第二は、米ソ間の現状合意から派生する体制に対して、第三世界のいくつかの国々――特に中国、ベトナム、そしてキューバ――が同意しようとしなかったことである。

コンドラチェフ派動のB局面の開始（これは主として西欧と日本の経済的上昇の帰結であり、そしてその結果としての独占利益の衰退である）、ベトナム戦争（これも米ドルと金の交換停止の原因となり、戦争自体も敗北に終わった)、そして一九六八年の世界革命(これはヤルタ協定の正統性を崩壊させた事件の一つであった)が結合して、合衆国が、ジオポリティクス上のアリーナにおいて、合衆国が描く世界秩序のあり方を維持する能力は、その終わりの始まりを刻することになった。

一九七〇年から現在に至るまでの合衆国の物語は、世界規模の経済的停滞のただなかで、ジオポリティクス上の衰退の速度を落とそうとする戦いの物語である。すなわち、日米欧三極委員会およびG7(これらは、西欧と日本があまりに早く合衆国のコントロール下から出ていかないようにする方策である)、ワシントン・コンセンサスおよびネオリベラリズム(これらは、発展途上国の急進的な波を抑える方策として)、核拡散防止政策(避けえない軍事的衰退を先延ばしにする方策である)の物語である。これらすべての努力の損益を測ってみるとすれば、せいぜい部分的に成功したに過ぎないと言わなければならないだろう。それらは確かに衰退の速度を落としはしたが、合衆国としては、衰退が起こっていること自体をずっと打ち消そうとしてきたにもかかわらず、やはり衰退自体は阻止できなかったからである。

九月十一日——タカ派の登場

ここで、タカ派の入場である。合衆国におけるタカ派は一九四一年から二〇〇一年の間政権をとったことなどなかった。彼らは苛立っていた。九月十一日以降、彼らはついにワシントンにおける政権の手綱をつかんだのである。衰退は現実である。しかし、その衰退の原因は合衆国政府(ルーズヴェルトから九月十一日までの大統領に至るすべての合衆国政府)の弱い意志と誤った政策のせいであるというのが、彼らの世界観であった。彼らは、合衆国の潜在的パワーは、それが実際に行使されさえすれば、無敵のものであると信じている。彼らは〔消極的な〕不履行によって単独主義《ユニラテラリズム》であるのではなく、〔積極的な〕選択によって単独主義《ユニラテラリズム》をとっているのだ。彼らは、単独主義《ユニラテラリズム》それ自体がパワーの存在を示す行動であり、そのパワーをさらに強化する方策であると信じている。

軍事力を高める南側諸国

　現在進行している第二の傾向は南北問題であり、それはこれから先二五年から五〇年にわたって、世界紛争の大きな焦点となる問題である。南側の観点からは、この問題に対していくつかの異なる方策がある。一つの方法は軍事的対峙である。それはサダム・フセインがとった道である。この立場が依拠する論理はビスマルクのそれである。すなわち、南側がより大きな政治的統一を成就し、より大きな真の軍事力を獲得して初めて、世界資源の公平な分割を達成することができるであろうというものである。そのジオポリティクス上の戦略はこれらの諸前提を中心に構築されることになる。ゆえに、サダム・フセインはよりいっそうのアラブの統一（当然彼をリーダーとして）と、いわゆる大量破壊兵器の獲得をつねに強く要求してきたのだ。したがって、タカ派が彼について述べることはつねに正しい。ただし、ある一つのこと――彼が無謀であり、簡単にそうした兵器を使用する可能性が高いということ――を除いてはである。全く逆なのだ。彼は自分を、どちらかといえば慎重で、注意深いが、大胆な手を打とうとしている（結果、その手が悪手で、二進も三進もいかなくなれば、撤退もする）チェスプレイヤーであることはすでに示されている。

私としては、彼はきわめてひどい独裁者であり、彼の美徳など信頼してはいない。しかし私は、彼が大量破壊兵器を、合衆国やイスラエル（さらに言えば他の大量破壊兵器を持った諸国）以上に、簡単にないしは無謀に用いると信じる理由を見出せない。私は核の拡散が中期的観点において抑えられるとは全く確信が持てない。そして私は、それが止まったときに世界がより平和となるということにも全く確信が持てない。ソ連による水爆の保持という事実は、なぜ冷戦が冷たいのか（米ソ間の実際の武力行使が起こらないのか）についての、主要な説明となっていた。一九四五年から今日にいたるまでの間に、公となっている核兵器の所有国は一カ国から八カ国になり、これから二〇年後にはその数は二〇を超えているだろう。サダム・フセインがいようがいまいが、イラクはそのうちの一国となっているであろう。

西欧と日本の躊躇

現在の状況を評価する上で考慮に入れるべき、第三の構造的趨勢は、西欧と日本の経済的上昇とジオポリティクス上の躊躇である。もはや（一九四五〜七〇年の時期のようには）経済的に合衆国に依存しておらず、合衆国の単独主義《ユニラテラリズム》に対する苛立ちを強めつつあり、合衆国の文化的傲慢さを不快に感じつつも、西欧と日本は合衆国に強く背く行動をとることに躊躇したままである。よって今や彼らの世界情勢での役割はかなり曖昧なものである——ほとんどすべての問題に関して。これは、一つには冷戦の伝統であり、また一つには北側の一部として何らかのジオポリティクス上の利害を共有していることからする帰結であり、さらには世代的な問題である（若いほど曖昧ではない）。しかし、この躊躇は永続するようなものではない。二〇一〇年までには、それは完全に消滅するであろう。だが当座は、依然としてこの躊躇が現在の諸状況を展開させ、それに説明を与えている。

これら三つの現実――タカ派が説得に対して開かれていないという事実、南側が現実に軍事的な強化を求めている事実、そして西欧と日本がまだこの情勢に十分な役割を進んで果たそうとしない事実――は、現在の世界情勢にただちに起こりうる（そしてますます悪化している）諸事象を分析し、さらには予想することさえ可能にするものである。

●二〇〇二年十一月一日 ……………………… No.100. "Lula: Hope Conquered Fear" Nov. 1, 2002

ルラ

【恐怖を克服した希望】

世界が合衆国のイラク侵攻とそれに伴う混沌とした騒乱に直面する今、ルラの当選は反撃の狼煙となろう。

全ラテンアメリカ大衆の歓喜と驚愕

十月二十八日、ブラジル大統領選挙での勝利に際して、ルイス・イナーチオ・デ・シルバ（ルラ）は群集と世界にこう宣言した。「今日、ブラジルは変化への意思表示を行なった。希望は恐怖を克服したのだ」と。この言葉は事態を正確につかんだものであり、特に昨年にはほとんどあらゆるところで恐怖が希望を征服した世界において、この出来事がどれほど注目すべきことかを際立たせている。

ウルグアイの新聞、『ブレッチャ』紙の編集者は、ラテンアメリカの左派勢力の全歴史における最大の勝利として、そして「自由市場の指導者《グル》たちの約束がもたらす痛み」に対する拒絶として、この当選を歓喜して迎えた。全ラテンアメリカの大衆勢力の反応は、喜びと驚きであった。新自由主義とダヴォス精神の諸勢力の反応は、茫然自失であった。彼らは煮えきらぬ態度を取り続けている。彼らはルラと彼の党であるブラジル労働者党（PT）が「中道に変わった」という事実をその勝利の説明とした。しかし彼らは、そのことに、それほど確信を持っていたわけではなかった。北側の政治的指導者たちやメディアが、ルラは中道にシフトしなければならないという声明や論評を次々に出していることがそれを示している。

過去一〇年間で唯一これに比肩しうる出来事は、南アフリカにおける一九九四年のアフリカ民族会議（ANC）の勝利である。そこで起こったことに目を向けることでブラジルの事態について何らかの理解が得られるであろう。二つの状況の類似点から始めよう。第一に、双方ともが、当該地域最大の経済大国における進歩主義勢力の長い戦いの果ての勝利を意味している――わずか一〇年前には全くありそうになかった勝利を。事実、ほぼ三カ月前には、ほとんどの論者はルラが第一回投票では多数を獲得するが、第二回投票では敗北するだろうと予測していた。だが実際には、彼は六一％の票を獲得し、勝利を収めた。

南アフリカにおけるANCの政権獲得は、アパルトヘイトおよび白人エリート支配の時代の終わりとなった。ブラジルにおけるPTの政権獲得は、中産階級がつねに政権を握り続けてきた国において労働者の政党が選挙に勝利したことを意味した。いずれのケースでも、得票数は圧倒的なものであった。いずれの国でも、移行は平和裏に行なわれ、かつて中心的な（そして反動的な）政治的役割を果たした軍部による反対はなかった。

いずれのケースにおいても、この平和な移行は、勝利した両党への大衆の支持によるものだけでなく、暗黙に（あるいは積極的にさえ）移行を支持する実業界のいくつかの主要セクターと間で持たれた秘密裡の協議が決定的であった。そしてその支持は、新政府が、実業層が自らの生き残りに必須だとみなしている世界金融のルールを、少なくとも一定程度は守るというある種の保証の返礼に行なわれたのであった。南アフリカの場合、その八年後にもこの取引は多かれ少なかれ維持されている。ブラジルの場合にも同じことが予想される。

なぜこのような取引が行なわれたのか？　実業層の観点からすると、その取引は、妥協に意味があるからなされたのである。彼らは、たとえ最終的には左派政府を追い落とすことができるかもしれないとしても、〔当面の〕左派政府との決定的対決においては相当な敗北を喫するであろうと怖れていた。彼らは、来るべき政府（ANC、PT）を大衆の支持を得た有能で聡明なひとびとによる趨勢と見ており、その改革への努力は、急進的であるにせよ、「道理にかなった」ものであるとみなしていた。新来の大衆勢力の側からすれば、彼らは一般のひとびとの経済的状況を改善するべく選出されたのであり、そして彼らは、〔彼ら左派政権の誕生によって〕自国から大規模な商業投資がねこそぎ撤退してしまい、彼らの目標の反対の結果をもたらす——それもきわめて急速に——ことを恐れていた。双方の側にとって、それは現実的な協定であったのだ。

これまで問題となり、今もなお問題であるのは、大衆勢力の観点からしてその妥協は、それだけの価値があったのか、ということである。ANCとPTの内部には政権獲得時に三つのグループがあった。〔第一に〕イデオロギーにそれほど関与しない現実的なひとびとのグループ。彼らは政権獲得と政権維持を政策の第一要件とみなした。第二に、運動の歴史的イデオロギーに相対的にコミットしているグループ。彼らもまた彼らの目的を部分的にでも達成するべく政党の団結の必要性を悟っていた。そして第三のかなり少数のグループ。彼らは伝統的な左翼のイデオロギーからのあらゆる逸脱をいつでも非難し、反対する。

最も狭き道を行き、その目的とその影響力を維持するのが最も困難であるのは二番目のグループである。南アフリカにおいては、この二番目のグループはANCのいわゆる仲間にその団体の基礎が、すなわち南ア労働組合会議（COSATU）と南アフリカ共産党（SACP）に団体の基礎がある。〔ANCの政権獲得から〕八年経って、COSATUとSACPはしばしば公然と政府に批判的ではあるが、依然として政権を支持する同盟者に留まっており、影響力を持ち続けている。ブラジルにおいては、「土地なし農民運動」（MST）がその役割を果たしうるとはいえ、形の上での等価物は存在しない。どちらの国でも、三番目のグループはきわめて小さくなり、比較的とるにたりない存在である。

この二つの状態の間にはもちろん相違点がある。一九九四年にANCが政権を獲得したときには、世界経済は比較的良好な状態であり、南アフリカ政府には、IMFからかけられた財政的制約という負担はなかった。さらに、アパルトヘイトに対する戦いは世界規模の反響を引き起こし、それによりマンデラは世界の文化的英雄のような存在となった。PTとルラは少なくともラテンアメリカの外部ではそれほど知られていない。またルラはたいそう魅力的な人物であるが、世界のカリスマであるマンデラには及ばないであろう。

ラテンアメリカの新しい精神を体現するルラ

しかし他方で、ルラとPTには別に目指していることがある。ラテンアメリカは、中央アメリカ、エクアドル、ペルー、ボリビア、そしてアルゼンチンなどでの事態に見られるように、左の方向に向かっている。この大陸を席捲している新しいムードがあり、それはポルト・アレグレの精神のムードである。ルラは始めからその精神を体現しており、彼は今やブラジル政府の持てる資源と威信をもって、その精神を支持するべき地位に立っているのである。

ブラジルの実業層のいくつかのセクターが彼を支持しているとすれば、それはやむを得ずの代役として支持しているのみではなく、合衆国に支配された多国籍企業に対抗するべく、ルラがブラジルの企業の力を強化してくれるだろうと彼らが期待しているからでもあるのだ。彼らはルラがメルコスール（南米南部共同市場）を強化し、アメリカ自由貿易圏（F

TAA、ALCA）への積極的な抵抗勢力となることを期待している。ブラジル軍が彼の当選に不満を抱いていないとすれば、その理由は、ブラジル軍が合衆国に後援された「コロンビア計画」★に強く反対の立場をとっているためであり、そしてルラが暴力の広がりの抑止に寄与するだろうという希望のためである。

政権をとったルラは、センデロ・ルミノソではないし、中国で政権をとった文化大革命とも違う。PTとは、ラテンアメリカ中で最も重要な国であり、世界システムにおいて経済的に重大な国の一つであり、ラテンアメリカの左派と中道左派を今後数年に集結させる力となる国における、有力な進歩主義的体制である。ルラはブラジル政府の金融政策に関して相当に慎重かもしれない。それにも拘わらず、彼はラテンアメリカと世界における新自由主義の攻勢に対する真の防壁としての役割を果たすかもしれない。希望は、ブラジルにおいて恐怖を克服しただけでなく、世界中に希望を生む。世界が合衆国のイラク侵攻とそれに伴う混沌とした騒乱に直面する今、ルラの当選は反撃の狼煙となろう。

★訳注　一九九九年、合衆国大統領であったクリントンが開始を宣言した大規模な麻薬撲滅戦争。二〇〇五年までにコロンビアの麻薬生産量を半減させることを目標としているが、その方法は、米軍によるコロンビアへの軍事介入と実力行使を中心としており、名目上は麻薬撲滅を謳いつつ、南米における政治的権益や資源確保の意図が背後にあるといわれる。

●二〇〇二年十一月十五日 ……………………… No.101. "Bush: Fear Conquered Hope" Nov. 15, 2002

ブッシュ

【希望を征服した恐怖】

注目すべき興味深い事実は、彼らが短期の計画表と長期の計画表を持っているが、中期の計画表は全く持っていないということである。

ブッシュ氏には、ブッシュ氏流のやり方というものがある——合衆国大統領選挙において、そして国連安全保障理事会において。ルラの勝利によって、希望は恐怖を克服した。ブッシュの勝利によって、恐怖は希望を征服した。現在ブッシュ氏の政権は大いに満足している。彼らは自分たちのプログラムが完全に実行されうると考えている。彼らはアメリカ議会と安全保障理事会がブッシュの計画表に従い続けるだろうと当てにしている。彼らはサダム・フセインはすでに追い詰められていると考えている。

彼らの計画表とはなんであるか？　注目すべき興味深い事実は、彼らが短期の計画表と長期の計画表を持っているが、中期の計画表は全く持っていないということである。合衆国内における彼らの短期の計画は、彼らを支持する三者を満足させることである——経済

短期の計画は「力」で達成するブッシュ

的保守派、社会的保守派、そしてマッチョ軍事主義者だ。経済的保守派の第一の関心は二つある――税率の削減と、環境主義的配慮が彼らに課す制約の縮小である。社会的保守派の関心は、セクシュアリティに関する法規制、犯罪者への厳罰化を定める法律の制定、銃の所有および使用の自由に関する法律の制定にある。マッチョ軍事主義者の関心は合衆国の軍事力を高め、そしてそれを行使することにある。

これらの短期の目的は、減税の恒久化、相続税の廃止、連邦裁判所への右翼判事の任命、そしてイラク侵攻によって履行される。今や彼らはこれらのことを実行できる力を有しており、彼らは実行するだろう。ブッシュ政権に関して言いうる一つのことは、彼らが曖昧な態度をとらないということである。彼らは絶対的に避けられない譲歩以外には決して妥協しない。それ以外の場合には、彼らは森の木々をなぎたおして進むブルドーザーのように自分たちの道を押し進む。おそらく、彼らの道にはわずかの障害物――議会における時折の難局(一、二回程度の上院における議事妨害、特定の法案に従うことを躊躇しているわずかの「穏健的」共和党員)、サダム・フセインの将来の行動について、コンドリーサ・ライス版の説明ほど剣呑な解釈はしようとしない諸外国など――しかないだろう。しかし、ブッシュ政権の障害物への対応は、容赦なく行動して、それらを圧倒するというものである。そして今月(二〇〇二年十一月)、まさにそのような対応がうまくいっているように見える以上、彼らは自らの作法を修正する誘因を何一つ持っていない。

しかし、なぜそれはうまくいったのか？　圧倒的な解答は恐怖――アメリカ国民の恐怖、世界の恐怖――であるということは明らかなようだ。九月十一日はアメリカ国民を震え上がらせた。だがもしそうであったとしても、それは彼らがそれ以前からすでに不安に満ちていたからである。九月十一日はぼんやりした感覚を差し迫った懸念へと結晶化した日に過ぎなかった。アメリカ国民はテロリストを怖れた。彼らはムスリムを怖れた。彼らは外国人を怖れた。それは合衆国がもはやかつてのように力を持たず、尊敬を集めず、称賛されなくなっているという感覚なのだ。それはアメリカの生活水準が危機に瀕しているという恐怖である――インフレとデフレの恐怖、失業への恐怖。人口内の高齢者層へのヘルスケアがひとびとの予想と希望よりずっと不十分なものであるために、彼らが期待していたほどには長くも生きられないし、これ以上豊かな生き方もできないという恐怖である。ブッシュ大統領はこの恐怖に対して、問題が存在していないと言うのではなく、その問題に対して自分が改善策を持っていると返答している――すなわち、断固とした、決然たる行動である。ブッシュ政権は自信に満ちており、そしてこの自信は脅えたひとびとにとって――少なくとも断固たる態度に投票するひとびとにとっては――魅力的なのである。

「恐怖」を利用して国内外を支配するブッシュ

もちろんこれは、どうして合衆国が安保理において、一五対〇の賛成で決議案の可決を得たのかの説明にはなっていない——その決議案は確かに少し薄められはしたが、それにもかかわらず合衆国がイラクへの侵攻にとりかかり、時が来れば侵攻することを認める決議案であった。この投票結果の原因となったものもまた、恐怖である。しかし、この恐怖を引き起こしたのはサダム・フセインではない。合衆国による攻勢がなくてもこの問題を討議しようというような安保理のメンバーなど一国も存在しなかった。サダム・フセインが短期的に世界平和に対する脅威となると本当に信じているメンバーも、あるいはイラクに対するこの行動が世界共同体の最優先事項であると考えているメンバーも、やはり一国も存在してはいない。

ではなぜ彼らは——フランス、ロシア、そして中国、シリアでさえも——最終的に決議案に賛成したのか？ 解答はとてもシンプルだ。彼らはみなブッシュ政権を怖れているのである。ブッシュ政権は、自らの深刻な障害となるあらゆる国に対して——モーリシャスやシリアだけではなく、ドイツやカナダでも——いかなる懲罰行動でもとるのだということをきわめてはっきりと示した。よってこれらの国々はそれぞれ、合衆国に手向かうことがもたらす短期的帰結に重きをおかざるをえなかった。代償は高くつきそうだった。かくして彼らは、のらりくらりとなんとかやり抜けてある程度の（そう多くはない）面子の立つ譲歩を引き出したとはいえ、最終的に屈したのである。かつては、世界の危機にあたって合衆国の友好国および同盟国が、合衆国のリーダーシップのもとで幸福に結集していた時代があった。そういう時代は終わった。今や彼らは合衆国に対する恐怖のゆえに不幸にも結集させられている。そしてその恐怖は、合衆国に対する抽象的な意味での恐怖ではなく、具体的にブッシュ政権を怖れているということなのである。

これは一つには、世界規模で起こった改良主義的中道派の崩壊という事実によって可能になったことである。マスコミはほとんど気づいていないことだが、フランスの前回の選挙と合衆国の前回の選挙には顕著な平行関係がある。フランスの選挙での当初の展望では、社会党が勝利するだろうと見込まれていた。合衆国の選挙での当初の展望では、民主党が勝利するだろうと見込まれていた。両党はきわめてわずかの票差によって決定的な浮動票を失った。ル・ペンは第一回投票において僅差でジョスパンを破り二位に入った。合衆国では、二つの州で五万票ほどの移動があれば、上院の多数党は民主党であったろう。

この二つの敗北には共通の特徴があった。すなわち、二つの党が奉じてきた歴史的なプログラムの枯渇である。両国では、それら両党はもはや何者をも代表しておらず、むしろ保守派を模倣しようとしていると有権者の大半にみなされており、そうしてその基盤を失っていった。これは、かつて世界を支配した伝統的な中道左派運動の長期にわたる衰退の反映なのである。選挙以降も、両党は明確な指導者、明確なプログラムを欠いている。両党はさらに中道寄りになっていくべきなのか（そして保守派から票を削り取ろうとするべきなのか）、それとも左寄りになるべきなのか（そして幻滅した有権者を取り戻そうとするべきなのか）という問題をめぐる内部の論争に悩まされている。戦略的に見てこれは容易な選択ではない。なぜならどちらの選択も、票を増やすと同時に票を減らしてしまうからだ。そしてどちらの戦略も明確なプログラムがない限りは機能しないであろう。しかし、そんなプログラムがありうるだろうか？

よって短期的には、ブッシュの政策は首尾良くいきそうである。長期的には、ブッシュ政権は自らが望むところを知悉している——すなわち、富の獲得に対するより少ない制限（それがどれほど国内の二極分解、世界経済の二極分解、そして社会的な二極分解を引き起こすにしても）、世界の舞台を包んでいたリベラルな社会的道徳観の一掃、そして事実上の権威主義体制——それは「民主主義」を、エリート集団内で副次的に行なわれる数年おきの選択として定義するものである——である。

「恐怖」による長期的支配は可能なのか

しかし、彼らはその短期的目標からこの長期的な目標に達することができるだろうか？ブッシュ政権は可能であると単純に想定している。つまり彼らは中期的な思考に時間を費やしていないのである。これは彼らのアキレス腱である。イラク侵攻が引き起こす中東政治の大混乱を政権は本当に阻止できるのであろうか？　平均的なアメリカ人は——とりわけそれが安全と好況とをもたらさないときに（実際もたらしそうにないのだが）――ブッシュの計画のために自らの子供たちと金銭を捧げることが本当にできるのであろうか？　ドルはその信用へのさらなる負荷に本当に耐えることができるのだろうか？　合衆国は本当に核拡散を防げるのだろうか？　それは本当に、ラテンアメリカで起こっているような大衆勢力の高まりを抑制することができるだろうか？　どれくらい早く中国、日本、そして韓国が、合衆国が望まないかたちで互いに折り合うをつける日が来るのだろうか？

チェスの序盤におけるブッシュ政権の好戦的な駒運びは華々しいものであった。しかし、彼ら自身の観点からしてさえ、彼らは賢明だっただろうか？　恐怖は長期にわたって希望に真の勝利を得ることができるのであろうか？

●二〇〇二年十二月一日　……………………………………　No.102. "Aciu! Bush Fiddles While Rome Burns" Dec. 1, 2002

Aciu!

【大事をよそにうつつを抜かすブッシュ★】

政治的な混沌のなかにある世界は一つの帝国世界ではない。われわれはみな、この基礎的事実を自らの意識によくしみわたらせるべきだ。

「ネロ帝」ブッシュ

"Aciu"はリトアニア語で「ありがとう」という意味である。これはブッシュ大統領がリトアニアのNATOへの加入を宣言し、リトアニアへの攻撃は合衆国への攻撃とみなすと演説したときに、ヴィリニュスの民衆が叫んだ言葉であった。大統領はたいそう満足であった。彼は言った、「ありがとう《サンキュー》」と。合衆国とブッシュ大統領は東ヨーロッパ、中央ヨーロッパにおいて受けが良い。これは、今日ブッシュ大統領がそのような受け入れられ方を保証されている場所としては、イスラエルを除いて、世界に残された最後の地域である。よってブッシュは友好的な地域から受ける歓呼に浸ったのである。しかし、それはローマが炎上しているときに無為に過ごしたネロ帝のごときものであった。合衆国は炎上しており、そしてブッシュ大統領はこれに全く気づいていないようだ。そして不幸にも、大方のアメリカ人も同様である。ネロ帝のように、ブッシュは自分が望むことを行なうことができると確信しており、この尊大な純朴さのおかげで、彼は、世界の政治的現実と二十一世紀のあらゆるアメリカ大統領の手にある現実の選択肢の本質に対して盲目となっている。ブッシュはこれをアメリカ帝国の時代と考え、悦に入っている。世界の左派は、アメリカ帝国を非難することはしても、まさにこれがアメリカ帝国の時代であるということ自体には同意してしまっていて、事態の明晰化には全く役に立っていない。政治的な混沌のなかにある世界は一つの帝国世界ではない。そしてわれわれはみな、この基礎的事実を自らの意識によくしみわたらせるべきだ。

「アメリカ帝国」という誤認がもたらす混乱と損害

このような巨大な現実の誤認は、混沌の帰結としての損害と被害のレベルを高めるのみであり、誰にとっても——とりわけ合衆国にとってはそうなのだが——利益にはならない。ブッシュは合衆国をイラクとの戦争に導こうとしており、たとえ国連の査察が報告すべき重要なことを何一つ見出さなくともブッシュはそれを行なうであろう。近頃リチャード・パールは英国労働党議員団に、サダム・フセインが国連決議に違反していることを合衆国がすでに知っており、その認識に基づいて行動する限り、国連査察が何も発見しなかったという事実は、政治的に無意味であろうと述べた。議員団は衝撃を受けたとのことである。その根拠には国連の活動に対する軽視がある。近頃の報道は、国連査察活動の長であるハンス・ブリクスがいかにして何も発見できないように囲い込まれているかについての、ブッシュ政権のメンバーおよび提灯持ちメディアによる長い釈明で満たされている。そしてそれに従えば、彼と彼のチームを無視してもよいということになる（そして間違いなく無視されるだろう）。

合衆国の報道もまた、イラクへの攻撃を無条件に支援することを決定しない（また過去に同様の過ちを犯したという）サウジアラビアへの非難の声——合衆国議会議員、報道記者、そして評論家——で埋め尽くされている。これはブッシュ大統領の邪魔立てをするものだといわれているが、ブッシュ大統領は依然、サウジアラビアを締め上げて、イラク侵攻に対して、少なくとも消極的な協力くらいはとりつけられるだろうと考えているようである。しかしながら、このようなサウジアラビアへの政治的攻撃は、右派のなかの最右翼が音頭をとっており、彼らはサウジアラビアの協力ではなく、むしろサウジアラビアの打倒を求めているのである。現実味のない極論だと決めつけるわけにはいかない。彼らは成功するかもしれないのだ。

その間に、オサマ・ビンラーディンは全く活動していなかったというわけではない。西側世界の攻撃しやすい標的——バリとモンバサ——に、二つの大きな攻撃があった。双方ともまず彼の仕業であるか、あるいは彼の同盟者の仕業である。そして彼はアメリカ国民に向けて長い書簡を発表し、それは十一月二十四日の『オブザーバー』紙（ロンドン）に英語で公開された。それには何も目新しいことはなかった。その長い書簡に顕著なのは、その全面的に戦闘的な態度と、世界中のありとあらゆる政治問題について、明晰にその詳細をつかんでいることであった。それは無知な金切り声ではない。これまでの書簡とは違って、彼はこの書簡の主眼として、イスラエルに関する不満を述べているが、他の問題を無視しているわけではない。合衆国は明らかに知性の高い敵と相対しているのであり、その敵は合衆国のダブルスタンダードを繰り返し糾弾しているのだ。

ジオポリティクスの変動を示す四つの選挙

　世界規模のジオポリティクス的な観点からすれば、世界では二〇〇二年の下半期に三つの重要な国内選挙が行なわれた。すなわち、ドイツ、合衆国、そしてブラジルである。そう、ブッシュは確かに合衆国では勝利を収めたが、彼はドイツとブラジルでは敗れた。鍵となる四番目の選挙はまもなく行なわれる――韓国である。現在その選挙は接戦であるとのことである。ブッシュの敗北は、ホワイトハウスに喜びの要素をもたらさないであろう。それほど重要ではないが、なお意義のある選挙でさえブッシュは敗北した――エクアドルである。そこでは大衆派《ポピュリスト》戦士のルシオ・グティエレス大佐が、超ネオリベラリズム的な対抗勢力を倒した。これに関して重大なことは、勝者が大衆派《ポピュリスト》的な言辞を用いていたことだけではなく、グティエレスの家系が一部「インディオ」に連なっており、アメリカ世界において最も強力な先住民組織の連合体であるＣＯＮＡＩＥ（エクアドル先住民連合）の支援を受けていることである。二年前の政変で政権獲得に失敗したこれらの勢力にとって、彼は英雄である（二〇〇一年二月一日の私のコメンタリー「先住民、ポピュリスト将校、グローバリゼーション」〔『時代の転換点に立つ』所収〕参照）。今や彼は圧倒的多数により当選した。なるほどグティエレスは経済問題について慎重な言葉で語っているが、来るべきアメリカ自由貿易圏（ＦＴＡＡ／ＡＬＣＡ）をめぐる議論において、彼はブッシュではなくルラの同盟者となるであろう。そして彼はコロンビアの和解と平和に影響力を持つようになるであろう。ブッシュ政権とコロンビアの現大統領が全権力を傾けて阻止しようとしているのは、まさにそのような事態である。

ブッシュはイラクにおける困難な戦争に直面している。すなわち、中東における親米的な「穏健派」政権がつくる前線面の崩壊、アメリカ世界における人民主義、ブッシュ政権が奉ずる対北朝鮮強硬路線の維持に対する北東アジア（日本、韓国、中国）の全般的抵抗（これには中国のますますの強大化が結びついている）である。しかしこういったすべてのことが引き起こす結果も、これまで緊密に連携していた友好国から離脱しようとする合衆国自身の断固たる努力がもたらす結果に比べれば、ほとんど小さな重要性しかない。ブッシュはカナダの首相を彼の牧場に誘おうとはしないであろう。彼はドイツの首相に冷淡なままである。

信頼できる友好国を自ら失ったブッシュ

これは両国がイラク侵攻を賢明な考えであると全く考えていないためである。そしてブッシュ政権内には、これらの反対勢力に対するブッシュの対応があまりに手ぬるいと考える人間がたくさんいる。彼らは、これらのいわゆる「最も親密な同盟諸国」が信頼できず、愚かで、臆病でさえあり、そして（ほとんどすべてに関して）確実に誤っていると議論している。彼らは西欧とカナダは身のほどを知らなければならないと感じている。彼らは、もしこらしめる必要があるなら、懲戒学生のリストに、すぐにも日本と韓国を加えるかもしれない。

彼らはNATOを無価値としてきたが、それはNATOが彼らの命令に従うことを当てにできないためである。東ヨーロッパ、中央ヨーロッパ諸国は、NATOへの加入によって合衆国とより親密になりうると感じ、喜んでいるかもしれない。しかし彼らは、合衆国がNATOを世界政治にとってどうでもよいような存在にしようとしており、それによって、NATOを廃絶しようとしていることをすぐに知ることになるだろう。しかし合衆国は、過去五〇年の間親密な同盟国であった国々の強力な支援なしに、順調とはいわずとも、今日の世界に生き残ることさえなしうるのだろうか？　私はきわめて疑わしいと思う。ローマは炎上している。そしてブッシュはうつつを抜かしている。

★訳注　原文は Bush fiddles while Rome burns.　"fiddle while Rome burns" は、成句としては訳したとおり「大事をよそにうつつを抜かす」という意味であるが、これは、ローマの大火に際してのネロ帝の故事に由来するものである。

●二〇〇二年十二月十五日　No.103. "The Politics of Multilateralism" Dec. 15, 2002

多国間主義《マルチラテラリズム》の政治学

「多国間主義《マルチラテラリズム》」の巧妙な仕掛けがどう作用するかといえば、第一に、それによって目的の正当性に関するあらゆる現実的な議論が除去されるということである。

多国間主義と単独主義は本当に対立しているのか

周知のとおり、ブッシュ政権は（おそらくラムズフェルドとチェイニーに先導される）「単独主義《ユニラテラリズム》」と（おそらくコリン・パウエルに先導される）「多国間主義《マルチラテラリズム》」と呼ばれるものの間で分裂してきた。今やわれわれは、早くも二〇〇一年九月十二日に、ラムズフェルドがアルカイダによる攻撃への対応としてイラクとの戦争を推奨したことを知っている。もちろん、彼とチェイニーは、現在の役職に就く以前の二〇〇〇年に、サダム・フセインの打倒を要求する文書に署名していた。これらのひとびとはイラクに大量破壊兵器の保持をやめさせることを望んでいるだけでなく、その政治体制を変更させ、それどころかその国を支配することまでも望んでいた。さらには、彼らは原則として、誰の許しを請うことなく、これを単独で行なうことを望んでいた。

同じく周知のとおり、彼らは有力な筋から政治的な反対を受けることになった——米国務長官、いわゆる〔大統領の父親に近い〕「老ブッシュ陣営」、トニー・ブレア、そして幾人かの共和党上院議員である。彼らはそろって、同じ目的は「多国間主義《マルチラテラリズム》」によって達成可能であり、そうすれば「単独主義《ユニラテラリズム》」が引き起こす有害な政治的副産物を伴わずにすむと主張した。これは多国間協議による決議——合衆国議会におけるそれと、国連安全保障理事会におけるそれ——につながった。二つの決議は、いくつかの小さな修正と、査察団の再派遣に伴う期限の延期と引き換えに、ブッシュ政権の行動に対して青信号を出すことになった。世界中の「多国間主義《マルチラテラリズム》」者の目に対する正当性を強めたことで、ブッシュ政権が得たものは、わずかの期間の延期で失ったものよりも大きかった。

「多国間主義《マルチラテラリズム》」は、あらゆるたぐいの「中道派」の諸勢力にとって、合衆国の「単独主義《ユニラテラリズム》」な行動に対して、〔明示的な〕裏書を与えることなしに、〔実質的に〕その目的——イラクの大量破壊兵器使用の可能性をなくすという目的——に同意することを可能にする隠れ蓑となっている。しかし、「多国間主義《マルチラテラリズム》」的な行動は同じ目的をより有効に達成できるのだろうか? 〔隠れ蓑としての〕「多国間主義《マルチラテラリズム》」の巧妙な仕掛けがどう作用するかといえば、第一に、それによって目的の正当性に関するあらゆる現実的な議論が除去されるということである。いったいなぜ、安保理の五大常任理事国——合衆国、イギリス、フランス、ロシア、中国——

が大量破壊兵器をそなえる（あるいは用いる）政治的および道徳的権利を持つべきで、他の主権国家であるはずの国々がこの権利を持っていないというのか？

もしこの問いを突き詰めれば、その解答は結局のところ不可避的に道徳的判断の問題になる。五大国はそうした兵器を防衛においてのみ使用するであろうと「信頼」されている。他の国々、特に独裁的な政治体制を持ち、かつ合衆国に敵対的な外交政策をとる国々は「信頼」されえない。私自身は、あらゆる政府を信用してはいない。そして私がここでいう「あらゆる」が意味するところは、大量破壊兵器の使用が国益（それはただ自国の生存を意味するかもしれないが、あるいは単に自国の全般的生活水準の維持を意味するかもしれない）にかなうと考えるときにでもそれを用いないような政府などはないということである。

近代世界システムにおける「干渉主義」の歴史

信頼できるかできないかの道徳的な区別は近代世界システムの全歴史を通じてつねに存在してきた。そしてそれはいつでも「文明人」が野蛮人を管理するという「干渉主義」の教義を正当化してきた。十六世紀に立ち戻れば、そこには、スペイン人によるインディアンの扱いにおける道徳的権利に関して、チアパスの司教であったラス・カサスとセプルヴェダとの間での論争があった。セプルヴェダの主要な論点の一つは、彼の信ずるところでは、インディアンの野蛮な慣習によって脅かされている罪なき命を救うために、スペイン人は（軍事的、宗教的な）干渉を行なわなければならないということであった。この主張に対するラス・カサスの回答は、人間の命を救うための干渉が可能であるのは唯一その救いの過程がさらなる害を引き起こさないときのみである、というものであった。ここには今日にいたるまで続いている議論がある。

十九世紀にはあらゆる種類のヨーロッパ人の理論家が、それによって野蛮な習慣（たとえば奴隷制度、それはこれらの同じヨーロッパ人がほんの少し以前までは行なっていた制度である。あるいは真偽の疑わしいカニバリズム、あるいはインドにおける妻の殉死《サティ》の習慣）を終わらせるという口実のもとにアジアとアフリカにおける植民地支配の押しつけの正当化を行なった。一九三〇年代には合衆国において、ナチスとの戦いに積極的に参加しようとする「干渉主義者」と（それに反対する）「孤立主義者」とが分裂した。一九四五年以降の時期には共産主義支配から諸国を「解放」しようとする者が多く存在したし、植民地支配と人種主義勢力に対する解放運動を支持しようとする者も存在した。そしてごく最近では「ジェノサイド」を阻止するべく干渉しよう――バルカンにおいて、アフリカにおいて――と考える者が存在している。

私は、道徳的な問題が単純な問題でないことを示すために、さまざまな干渉主義の階梯を駆け足でたどった。われわれはみな、ある場合には干渉主義を良いと考え、別の場合にはそれに反対して戦うであろう。しかしながら、近代世界システムは変則性に立脚するシステムである。それは一方ですべての国家の権利としていわゆる主権を絶対化し、外部からのすべての干渉を論理的および法的に国権の侵害であり違法であると定義する。しかし他方でそれは、世界システムにはその基底に支配的な道徳的価値（今日ではわれわれが人権と呼んでいるもの）が存在するという暗黙の自然法的議論をも絶対化しており、そうした価値を侵害する者はどこであれ政権を握り続ける権利がないということになる。

問われるべき道徳的・政治的問題

ではどのようにわれわれはこの変則性に対処するのか？　なるほど、われわれはそれを議論の対象とすべき道徳的・哲学的問題として扱うことができる。あるいはわれわれは政治的アリーナにおける現実的な行動を含意するようなはっきりとした判断を下すこともできる。しかし実際のところ、この道徳的・政治的ディレンマを議論することに時間を費やしている人は、それほど多くはない。またそういうはっきりとした判断を下すひとびとにとっては、唯一の問題は、それを実行する力を持っているかどうかということになる。よって、これらのはっきりとした判断がブッシュ政権によって下されるときには、彼らは彼らがなさんとすることをなすであろう。他方、これらのはっきりとした判断が、より力のない組織のひとびとによって行なわれたとしても、彼らは通常何もできないか、あるいはせいぜいサボタージュによって強者の行動を妨害しようとするかである。

しかしラス・カサス主義——命を救う干渉はそれが防ごうとするよりも多くの被害を引き起こさない限りにおいて正当化される——は、世界という舞台における合法的な活動への良質な基準となるであろう。そして、サダム・フセイン政権の持続と同政権による大量破壊兵器の所持に体現されているとされる「人命の危機」を終わらせるために「多国間主義《マルチラテラリズム》」的な措置を支持している者は、自らが推奨している「多国間主義《マルチラテラリズム》」的な措置がラス・カサスの基準を満たしているかどうかを問うべきであろう。これは、道徳的および政治的な決定であり、その決定は、現在の状況に対する緻密な読解とイラク侵攻からもたらされると推定しうる帰結への綿密な解釈に基礎づけられなくてはならない。

一年ほど前にも彼はそう言ったのだが、トニー・ブレアが不作為という選択肢はないと言うとき、人は問わなければならない、きわめて深刻に問わなければならないのだ。「なぜそれがいけないのか？」と。

●二〇〇三年一月一日　……………………………No.104. “Northeast Asia in the Coming Decade” Jan. 1, 2003

今後一〇年の北東アジア

世界情勢への北東アジアの持続的な影響力は、それが経済的に単一の地域として合意する可能性、さらにそれによって政治的かつ軍事的なアリーナにおける協力的な三国関係を形成しうる可能性にかかっている。

中・韓・日が示す世界システムの確実な変化

二〇〇二年、世界の注意が主としてイラクに集中している一方で、世界システムにおけるよりいっそう重大なアリーナである北東アジアは先年きわめて重大な発展を見せていた。中国は、古い世代が去り、ともかくも若い世代への移行を目の当たりにしている。日本はドイツと時を同じくして合衆国からゆっくりとそして静かな離反を示している。そして朝鮮半島は、同地域の状況、そして世界の状況をともども確実に変化させると思われる二つの事件の場となった。

〔第一の事件は〕北朝鮮はブッシュ大統領の強硬路線――交渉を中止し、北朝鮮を「悪の枢軸国」の一部とみなす――に対して、米朝両国がそのゲームで争うことは可能であるということを示してみせた。北朝鮮政府は、大量破壊兵器の所持、原子炉の再稼動、そして国際原子力機関（ＩＡＥＡ）が設置した核監視装置の除去を、あいついで公表した。〔第二の事件は〕まさに時を同じくして韓国では、金大中大統領の「太陽政策」を維持することに熱心な千年党の候補である盧武鉉が〔次期大統領に〕選出された。確かにその選挙は接戦であったが、最近まで盧武鉉はより保守的で「太陽政策」に敵対的な候補に敗れると予想されていた。反ブッシュ感情の高まりは、今年の始めにドイツでゲアハルト・シュレーダーを助けたように、間違いなく盧武鉉の勝利を助けたといえよう。

短期的に見れば、合衆国の政策に対する南北朝鮮両国による公然たる反抗のやり方はブッシュにとっての挫折を示している。彼はイラクの状況を改善し、サダム・フセインを追放してしまえば、朝鮮半島の問題に着手できるだろうと考えているかもしれない。しかし現実には彼はほとんど何もできない。北朝鮮の問題に対する彼の選択は、交渉か、戦うかである。そして彼は交渉など望んではいないのだが、戦いは揺るぎない選択肢ではない。その理由の一つは、先の戦争〔朝鮮戦争〕が引き分けに終わったということだ。たとえ世界情勢が政治的、軍事的に五〇年前から変化しているとしても、合衆国が今度はもっとうまくやるという保証などないのである。確実なのは、戦争が起これば、韓国国民も在韓米軍もきわめて脆弱性が高く、頓死してしまいかねないということが判明するだろうということだ。しかし、もし北朝鮮によって合衆国が交渉のテーブルにつくことを強いられれば、それはブッシュ大統領にとって屈辱となるであろう。

ブッシュ大統領が期待しているのは、北朝鮮の隣国――韓国、日本、中国、そしてロシア――が、あらゆる交渉にさきだって、合衆国による北朝鮮の核プログラムの解除に参加するだろうということのようである。しかしながら、彼ら自身も北朝鮮のプログラムの解除を望んではいるとしても、これらの隣国がブッシュの計画を支持することに大きな努力を注ぐことはありそうもない。またいずれにせよ北朝鮮がそうした圧力によって譲歩することは最もありそうにないことである。より可能性の高いのは、合衆国の圧力によって、韓国、日本、そして中国においても、国内の激しい分裂が引き起こされるということであろう。

中・韓・日の長期的関心は何か

この状況を直近の観点からのみ議論するのは誤りであろう。北東アジアに長い歴史を持つこれら三つの地域――中国、韓国、日本――の長期的な関心事がなんであるのかを考察し、またこれら三つの地域的な関心の組み合わせがどのように相互に作用しあうのかを考察する方が有益であろう。中国の優先事項は明白だと思われる。すなわち、国の統一の維持、軍隊の強化、世界生産における市場占有率の強化、そして台湾との再統一である。私は、中国政府にとって重要性の高い順にこれらを並べたことを付言しておこう。これら四つすべての問題圏において、中国政府はこの一〇年間で重要な前進を果たし、今後一〇年間にも前進を続けそうである。それでもなお、第一の目的——国の統一の維持——につまずくようであれば、他の三つの達成は事実上不可能となるであろう。この点で、中国政府はこれまでのところうまくやり続けてきたが、他方、国内で続く危険な状況に直面していることを決して知らないわけではない。

朝鮮半島——北も南も——にとっての第一の論点とは、現在も未来も再統一の問題である。しかし、対等な再統一の見込みとなるとどうであろうか？〔一方で〕両政府は基本的なレベルの政治的譲歩を行なわないことを決定しているが、〔他方で〕何らかの変化なしに再統一は不可能である。経済的には、北朝鮮は絶望的な荒廃のなかにあると思われる。その一方で韓国は、同国が世界経済に占めている相対的に良好な地位が、世界経済全体の下降と再統一のためのあらゆる処理にかかる巨大なコストによって脅かされており、その維持に関して懸念を抱いている。韓国の集合意識には、ドイツの経験がまず念頭にあるのだ。韓国は、太陽政策を奉じていれば、北朝鮮のゴルバチョフを期待することはできるだろうと思うが、実際にそのような人物が現れたとして、何が起こるかは全く不透明である。

日本はどうかといえば、その現在の主流をなす政治的ムードは、何をなすべきかについての絶対的な不確実感であり、どこへ向かうべきか確かでないならば、その行ないうる最良のことは何もしないか、あるいは最小限に留めることだ、という感覚である。そこには主として二つの大きな疑念がある。すなわち一つは、いかに日本は、一九七〇年代および一九八〇年代に同国が示した世界経済のダイナミズムの感覚を取り戻しうるのかということ。そしてもうひとつは、通常の軍事大国となり、それをもって世界の舞台における準独立的な政治的主体となるべきか否かということである。

三地域の協力関係が鍵をにぎる

現実には、北東アジアの三地域が直面しているディレンマは互いに切り離しては説明できない。世界情勢への北東アジアの持続的な影響力は、それが経済的に単一の地域として合意する可能性、さらにそれによって政治的かつ軍事的なアリーナにおける協力的な三国関係を形成しうる可能性にかかっており、それゆえ、三地域のディレンマは絡み合っているのである。これはそれぞれの国内でのディレンマを解くことだけではなく、きわめて先鋭な歴史観上の不一致を解決することをも意味している。朝鮮半島も中国も二十世紀前半の日本の侵略的政策を許してはいない。日本はなお中国に、そして韓国に対してまでも文化的負債という消えない感覚に苦しんでおり、その近年の功績のすべてをもってしても、無言の劣位の感覚は完全には払拭されていない。そして中国と韓国もまた互いにかなり用心しあったままである。

それでもなお、三地域は互いに提供しうる多くのものを持ち合わせており、また地理的な隣接関係を分かちあっている。そればかりか、西欧諸国が結束の様式として用いた共通の文化的遺産とそれほど変わらないたぐいの文化的遺産をも共有している。しかし最前線にあるのは、現在の状況におけるジオポリティクスである。合衆国のヘゲモニーの衰退期にあって、北東アジアは来るべき半世紀における資本蓄積の主要な場として、合衆国というよりはむしろ西欧と競争状態にある。そして世界システムの移行期にあって、北東アジアは世界的な不平等の問題、および〔既存の資本主義的世界システムとは〕質的に異なる世界システムを求める南側諸国からの要求に取り組まなければ、その地歩を守ることはできないであろう。資本蓄積の場という論点、既存の世界システムにおける二極分解の克服という論点——これらのいずれの論点と直面するにしても、北東アジアは何らかのかたちの合意なしには、自らが明示的に望むような役割を果たすことはできないであろう。そしてその合意は、現在のディレンマを解決し、互いにその解決を助け合う三地域の能力如何にかかっているのだ。

●二〇〇三年一月十五日 ………… No.105. "Can War Be Averted in Iraq?" Jan. 15, 2003

イラクでの戦争は避けることができるのか？

合衆国はイラクと戦争することを第一の目的としてイラクと戦争しようとしている。

端的な解答はノーである。なぜならば、イラクが、戦争を吠え立てる連中を制止するのに十分な道理のあることを言うなりするなりしたとしても、合衆国のタカ派はそれを一切取り上げる気がないからである。私はガブリエル・ガルシア＝マルケスの手による、社会的儀礼としての死の物語『予告された殺人の記録』のまっただなかに自分たちがいるように感じている。合衆国はイラクと戦争することを第一の目的としてイラクと戦争しようとしている。そうであるがゆえに、査察官が何を言おうと、他の安保理メンバー（イギリスを含む）が何を言おうとも、もちろんサダム・フセインが言うことも、何の効果を生み出さない。

イラクとの戦争は、クリントン政権の最後の頃に、チェイニーとラムズフェルドを含む二十数人のタカ派の声明のなかで公に要請された。現在われわれは、九月十一日の攻撃から一両日の間にブッシュ大統領がその戦争に承認を与えたことを知っている。その他のすべては口実と策謀であった。ここ三カ月の北朝鮮による合衆国へのあからさまな反抗と、合衆国によるこの反抗へののらくらした反応は、〔対イラク政策における〕真の係争点が諸々の国連決議に対するイラクの不履行にあるのではないことを、さらに証拠だてるものである。

同盟国に対して誇示される軍事力

では、なぜブッシュとタカ派は戦争を不可欠だとみなすのだろうか？　彼らは以下のように論じている。合衆国は近頃あまりうまくいっていない。合衆国はヘゲモニーの衰退期にあるというアナリストの声もある。経済は不安定な状態にある。特に、合衆国はこれから先数十年の間、西欧と日本／東アジアの上をいけるかどうか確かではない。ソヴィエト連邦の崩壊とともに、合衆国は、西欧と日本が完全に合衆国の政治的イニシアティブに従わなければならないと説き伏せるための大きな政治的論拠を失った。残されたものはきわめて強力な軍事力だけである。

マデレーン・オルブライトが国務長官であったとき、彼女はバルカンにおいて行なわれるべきことについての自らの見解に対して、軍の高官の一部がその見解への支持を躊躇したことに激怒し、こう言ったと伝えられている。「もし行使することができないのなら、世界で最強の軍隊を持っていることの意味は何なのか」。タカ派はこの観点を自らの分析の主眼としている。彼らは、合衆国が世界で最強の軍隊を持っていること、自らが企てるあらゆる軍事的衝突に勝利できるということ、そして合衆国の世界システムにおける威信と力は軍事力の誇示によってのみ復興できるということを信じている。その軍事力の目的はイラクにおける体制の変更を達成することではない（現在の体制にとって代わる体制の可能性が何なのかを考察しても、おそらくたいした益はない）。軍事力の行使の要点は合衆国の同盟国を威嚇することにあり、それによって同盟諸国が、不平と批判とをやめ、学童のような――タカ派には同盟諸国はそのようなものとみなされている――従順さで、つくべき位置につくことが目的なのである。

単独主義も多国間主義も、つまるところ単独主義である

ブッシュ政権は単独主義《ユニラテラリズム》と多国間主義《マルチラテラリズム》に分裂などしてこなかった。彼らはみな単独主義《ユニラテラリズム》なのである。「多国間主義《マルチラテラリズム》」と言われている者は、合衆国は他者（国連、ＮＡＴＯ）によって正式に承認された立場を獲得できるのであり、その決議案が承認されれば、合衆国の政策はいっそう容易に履行されると主張してきた者であるに過ぎない。「多国間主義《マルチラテラリズム》」の立場に立つ者も、もし国連やあるいは必要とされる他の場所で票の獲得に失敗したとしても、合衆国はいつでも単独で進むことができるのだ、とつねに述べている。そしていわゆる単独主義《ユニラテラリズム》の立場に立つ者も、〔多国間主義《マルチラテラリズム》に基づく決議に、そういった〕留保条項がつけられていればこそ、この方針を採用してきたのである。二つのグループのただ一つの相違点は他者を合衆国の方針に従わせる見込みについての評価だけである。それゆえわれわれにあるのは、かたちだけの多国間主義《マルチラテラリズム》に過ぎない。つまり、合衆国は他者が合衆国の単独主義《ユニラテラリズム》的な姿勢を受け入れる程度に応じて多国間主義《マルチラテラリズム》的ではある。しかし受け入れられなければ、そうではない。

基本にある問題はタカ派が自らの分析をすっかり信じているということだ。イラクでの戦争に勝利すれば（彼らはこの勝利を比較的容易に果たしうると考える傾向にある）、誰もが合衆国の戦列に加わり、中東全土が合衆国のタカ派の要請にあわせて再形成され、ヨーロッパは沈黙し、北朝鮮とイランはおののき、その結果として兵器製造へのあらゆる野心を放棄するであろうと彼らは信じているのだ。

事態はそれよりもずっと複雑であると、全世界の声が合衆国に不満の叫びをあげている。すなわち、合衆国によるイラクへの軍事的侵攻はおそらく世界情勢をさらに悪化させ、合衆国はその報いに何倍もひどい目にあうのだ、と。そのような声は、合衆国の耳には入らない。そうだとは信じていないからだ。彼らは恣意的な力の行使に魅了されているのだ。それは傲慢と呼ばれる態度だ。

十二分に予言されてきたこの戦争の愚劣さは、本来不必要な、計り知れない苦しみを（イラクだけではなく）あらゆる種類のひとびとにもたらす。加えてそれは、実のところ、合衆国のジオポリティクス上の地位を低下させ、世界の政治情勢におけるその将来的な地位の正統性を減じるものなのである。われわれは全く混沌とした世界に生きており、合衆国による「絶対的支配」への信じがたい自負は、うまく効かなくなったブレーキで坂を下る自動車のスピードをさらに上げるようなものだ。それは自殺行為である、とりわけ合衆国自身にとって。

●二〇〇三年二月一日 ……No.106. "France is the Key" Feb. 1, 2003

フランスが鍵である

フランスは今日、合衆国のジオポリティクス上の立場に対して、有意味なインパクトを与えうる、世界で唯一の国である。

「古いヨーロッパ」の象徴フランス

第二次世界大戦のあいだ、ウィンストン・チャーチルは、自分が負わねばならない最大の十字架★はロレーヌの十字架（シャルル・ド・ゴールの象徴）であると語った。一九四五年以降、合衆国は、その十字架が自らの負うところとなったと感じた。フランスは、戦後のすべての政権のもとで――ド・ゴール本人の政権にせよ、ド・ゴール主義者の政権にせよ、その他の政権にせよ――執拗に「ド・ゴール主義」的対外政策を追求してきた。「ド・ゴール主義」的対外政策の要諦は、フランスが「西側世界」の要であり、世界に秩序をもたらす方法について、固有の見解を持つ権利を主張し、合衆国が、西側で最も強力な国として、フランスの見解を考慮に入れるよう強く迫るということにある。フランスは、合衆国の他の同盟諸国のいずれとも異なって、合衆国が「単独主義《ユニラテラリズム》」的な指導力を行使しようとすることに対して、つねに実質的な拒絶の姿勢をとろうとしてきた。

過去五〇年間にわたって、合衆国は、フランスがこのような態度を取らないよう説得する上で、やれることはなんでもやろうとしてきた。懐柔、強圧的な圧力、陰謀、てんやわんやである。しかし合衆国がしたことはいずれも、フランスの基本的なスタンスを変えたようには見えなかった。最近のこと、ドナルド・ラムズフェルドが、「古いヨーロッパ」をもうあてにしないと軽蔑してみせたとき、彼の念頭にあったのは、まずフランスであった。過去において、合衆国は、フランスの見解を中和する上で、ドイツをたのみとしてきた。あるいは少なくともドイツがフランスについていってしまうようなことがないようにしてきた。そうであればこそ、ブッシュ政権は、シュレーダー／フィッシャーによるドイツ外交の転回を目のあたりにして、おおきな不快感を持ったのである。合衆国のタカ派は、それを「裏切り」だと感じたのである。

そういうわけであるから、今日、合衆国によるきたるべきイラク侵攻が西側世界の（さらにその外側の世界の）大多数の人々にとって「正当」とみなされるか否かを決める鍵をフランスが握っているというのは、合衆国にとって、ことにいらだたしいことである。いかに消極的でも、フランスが合衆国に追従してくれれば、その戦争は、世界の目に、国連によるーーしたがって「世界共同体」なるあやしげな実体によるーーなんらかの制裁措置と見える。もしフランスが、追従を拒んだら、ドイツ、ロシア、中国、カナダ、そしてメキシコ〔強力な布陣である〕は、フランスに連れ去られてしまう。日本は、「世界世論」に従うと知らせてきた。あきらかに、合衆国が国連の支持を得た場合に限って〔合衆国に追従する〕という意味である。

フランスは、イギリスの立場さえ決定する。一月三十日付の『インディペンデント』紙において、ドナルド・マッキンタイアは、「ブレア、高い賭け　シラクの助けが必要」という見出しの記事を書いている。マッキンタイアは、ブレアが国内に抱えている困難——すなわち、労働党内からの「反乱の脅し」——について論じており、それが鎮まるか否かは、フランスの態度にかかっていると述べている。「〔ブレアの〕将来が、ホワイト・ハウスではなく、ダウニング街十番地でもなく、エリゼ宮で決まるかもしれないということは、それほどいい加減な話ではない」と記事にはある。

フランスの政治力を支えるもの

なにがフランスに、このような力を与えているのだろうか。それがフランスの道徳的廉直さにあるのでないことは確かである。フランスは、その国益をまもるためであるなら、アメリカと同様に派兵には積極的な国だ。フランスが現在行なっているコートディヴォワールへの干渉や、その干渉の結果、その地に現在生じている諸々の困難は、フランスが、今なおアフリカにおけるミニ帝国主義勢力としての役割を演じていることを証言するものである。また、フランスが、なんらかの意味で、腹の底から反アメリカ的だからというわけでもない。たしかに、フランスには、反アメリカ的なスローガンを掲げる人々がかなりいる（しかし、そういうことなら、合衆国にも、反フランス的なスローガンを掲げる人々はかなりいる）。それにもかかわらず、一般的に言えば、フランス人は（エリートも一般大衆も）、おおいに合衆国に感謝している。二つの世界大戦で合衆国が果たした役割のことは、感謝とともに記憶されているし、その価値観も先入見も、最も基本的なところで、合衆国と共有している。

フランスに力を与えているのは、合衆国がしばしば「傲慢で尊大」であるという世界に広がっている感覚である。いまやタカ派が合衆国の政府を牛耳っている以上、この感覚はとりわけその通りである。このような合衆国の態度に対するフランスの怒り、そして合衆国の傲慢さにも限度があることを思い知らせてやりたいというフランスの意思は、世界中で共有されている。例外はほとんどない。したがって、フランスが、まさに現在行なっているように、合衆国の圧力に抵抗すると、あえて同じ態度には出られない（あるいは、フランスほどはっきりとはそうできない）すべての国々――たとえば、エジプト、韓国、ブラジル、さらにはカナダでさえ――は、内心、喝采を送るのである。

実際、合衆国政府は、フランスの政治的な力に気がついてはいる。だからこそ、コリン・パウエルは、ブッシュにまず国連に行くことを納得させることができたのであり、そして合衆国は、サダム・フセインについてのなんらかの「証拠」を提示するために来週〔このコメンタリーは二〇〇三年二月一日付〕国連に戻るのである。合衆国は、この「証拠」が、誰かを納得させうるものだとは信じていない。そうではなくむしろ、合衆国は、その証拠を提示することで、フランスが〈合衆国が考えるところの〉フランスの経済的な利害の方に従う口実を与えてやることになるだろうと信じているのである。合衆国執行部内の推論では——彼らは、報道陣の前でほとんど公然とそれを口にしてしまっているのであるが——フランスは、次のように考えるだろうとしている。すなわち、(1)合衆国は、なにがあろうがイラクに侵攻するだろう。(2)合衆国は容易に勝利をおさめるだろう。(3)フランスが派兵すれば、それがいかに軍事的には取るに足りないものであっても、フランスは戦利品〈原油〉の分割に参加を許されるだろうが、派兵に参加しなければ、そこから排除されるだろう〔という三段階のロジックである〕。

このように、合衆国のタカ派は、フランスの対外政策について、まるで「素朴なマルクス主義」のような——つまり経済的利得と政治的立場との一対一の短期的対応を前提とする——分析をしている。しかし、素朴なマルクス主義は決して妥当しない。なぜなら、一対一で対応するものなどどこにもないからであり、ブローデルの言葉を借りれば、短期的なものは「塵」にすぎないからである。フランスの〈もっと特定して言えばシラクの〉観点から見ると、問題は、全く異なったかたちで提起される。まず、フランスの世論は（他のすべての西欧諸国の世論と同様に）、ほぼだいたいにおいて戦争に反対であり、合衆国の戦争の動機（短期的動機も長期的動機も）に対して懐疑的である。フランスの左翼は、戦争反対で確固とした団結を見せている。極右は、これとは別の理由から、同様の態度をとっている。そしてフランスで政権を握っている保守主義政党――UMP（大統領与党連合）――は、合衆国の主張に賛成の勢力で、「ブレア的」対外政策に好意的な人々と、その精神において「ド・ゴール主義」的であり続けている人々とのあいだで、股裂きになっている。

したがってシラクは、選択をオープンなままにしている。彼は、国内の政治の帰趨をはかりにかける必要がある。そこでまちがいをおかせば、最近になってようやくひとつの強力な勢力へとなんとかまとまりがついてきた彼の党に対しても、強力で独立したヨーロッパを創り出そうとしてきたフランスの努力に対しても、長期的な負の影響が生じかねない。第二に、シラクは、合衆国がすばやく軍事的勝利を収めうるかどうか、まったく確信を持っていない。このことについて懐疑的な軍事関係者は、世界中に多すぎるほど多い。そのなかには、フランスの軍部高官も含まれるだろう。第三に、ド・ゴール主義はこれまでのところ機能してきており、つねに微妙なバランスを伴ってきた。フランスは、合衆国と切れてしまいたいとは思っているわけではない。しかし、今回に限っては、フランスは合衆国の行動に対する抵抗において孤立する心配はまずない。となると、今はド・ゴール主義的なスタンスを捨て去るときではないように思われる。

アメリカはフランスを必要としている

予期されえたところでもあるが、合衆国は手札を全部切ってきている。合衆国は、EU現加盟国一五カ国のうち五カ国を結集して、合衆国の立場に対する支持を表明する共同書簡を発表させた。もちろん、これら五カ国の政府は、実質的には、すでに同じことを表明してはいた。しかし、共同書簡は、フランスへの圧力を意味していた。実質的に、合衆国は、フランスに対して、もしフランスが合衆国に追従しないならば、合衆国は積極的にヨーロッパの分断にかかるだろうということをわからせようとしているのである。フランスの「ソフト・パワー」が、合衆国の単独主義《ユニラテラリズム》に対する世界的な当惑の体現にあるとすれば、フランスの「ハード・パワー」は、安保理における拒否権である。だから合衆国は、もし合衆国が国連に望む支持を得られなければ、合衆国は、安保理の役割を周縁化するといっているのであり、そうすることでフランスの「ハード・パワー」を削ろうとしているのである。しかし、いうまでもなく、フランスの拒否権がもつ力は、フランスが、その行使によって安保理が無意味になってしまうことを恐れて決して行使できないものであるならば、あまり役立つものではない。

合衆国は、フランスが合衆国をひどく必要としていると考えている。しかしながら、実際のところ、むしろアメリカのほうがフランスをひどく必要としているということもいえそうである。フランスの決定がどのようなものであれ、究極的な帰結は、部分的には、実際の戦争によって決定されることになろう。戦争にすぐ決着がつけば、合衆国に追従したものはみな報われることになろう。戦争が長引けば、合衆国に追従したものはみな損をすることになろう。しかしながら、単独主義《ユニラテラリズム》的な勝利は、たとえすみやかな勝利であっても、合衆国にとってプラスになるのと同じくらいにマイナスにもなりうる。「多国間主義《マルチラテラリズム》」的な戦争のほうが、合衆国の立場に対するダメージはすくないであろう。ネルソン・マンデラは、合衆国が世界をホロコーストに向けて追い立てていると警告している。タカ派はまったく聞く耳をもっていない。

実際のところ、ド・ゴール主義の帰結として、フランスは今日、合衆国のジオポリティクス上の立場に対して、有意味なインパクトを与えうる、世界で唯一の国である。イギリスにも、ロシアにもそれはできない。中国でさえ無理である。これは、フランスがそれほどに強いからではなく、フランスが一貫して、多極的な世界を推進し、それによって強力な世界大国としての力を体現してきたからである。フランス自身がそのようなジオポリティクスの転換の直接の受益者であるということも、大半の国々の大半の人々にとっては、フランスがなにかしらそれら大半の人々の望むものを創り出すことにある程度成功するかもしれないという事実に比べれば、どうでもよいことである。フランスがどのような手札を切ってくるかは、すぐにわかる。それは世界中に差異の感覚をもたらしてくれるだろう。

★訳注　英語の「十字架を負う」という表現には、「受難に耐える」という意味がある。

●二〇〇三年二月十五日　No.107. "The Righteous War" Feb. 15, 2003

正義の戦争

「かくも無価値な目的にかくも多大な努力が注がれたことは、かつてなかった。」

世界が最も支持しない戦争

ジョージ・ブッシュは、独裁的な暴君に対して、正義の戦争を行なうため、勇敢な兵士を送り込もうとしている。小心で打算的なヨーロッパの政治家たち、世界の名だたる宗教家たち、退役将官、さらにはかつて自由の、そして合衆国の友好勢力であった人々がどう考えようが、彼にはその考えを翻すつもりはない。かってこれほど事前に議論が行なわれ、かつこれほど世界世論の支持が少なかった戦争はなかった。とにかくやるのだ。アメリカのパワー計算に基づいた戦争の決断は、ホワイトハウスではずっと前に決められていたのである。

われわれとしては、なぜこうなったのかということを問わねばならない。まず合衆国政府の動機について、繰り返し述べ立てられている二つの主要な理論を片付けておく必要がある。その第一は、戦争に賛成している人々が主張する理論である。彼らによれば、サダム・フセインは、邪悪な暴君であり、世界平和に差し迫った危険を突きつける存在である。たたく時期が早ければ早いほど、彼の危険なもくろみを阻止することは容易であるというのが、その主張である。第二の理論は、主として戦争に反対する人々が主張しているものである。彼らによれば、合衆国は世界の石油を支配することに関心がある。イラクは、その構想の鍵である。フセインを追放することで、合衆国は、その構想の実現に進んでいくことができるようになるというわけだ。

しかし、いずれの理論も、あまり正しいとはいえない。サダム・フセインが邪悪な暴君だということには、世界中のほとんどすべての人々が同意するだろうが、彼が世界平和に対する差し迫った危険となっているという主張に納得するひとは非常に少ない。大半の人々は、彼をジオポリティクス上のゲームにおける注意深い指し手であると見ている。彼は、いわゆる大量破壊兵器を蓄積している。それは確かだろう。しかし、どこに対してであれ、彼が報復の危険を冒してまで、それを実際に使用するとは思えない。フセインが大量破壊兵器を使用する可能性は、北朝鮮よりも低い（少なくとも、その逆ではない）。彼は政治的に追い詰められており、もし全く何の手も打たずにいれば、おそらくその窮地を脱することは不可能である。アルカイダとのつながりについては、言われていることはまるで信憑性が

フセインの危険性というプロパガンダ

ない。戦術レベルのどうでもいいようなレベルでは、アルカイダとの接触もあるのかもしれないが、合衆国政府が長い間盛んに行なってきた活動に比べれば、その一〇分の一にも及ぶまい。いずれにせよ、もしアルカイダがもっと強力になるようなことがあれば、フセインは、背教者として殺害されるべき人物のリストの最上段近くに挙がるはずである。合衆国政府によるフセインに対する告発は、プロパガンダであって、説明にはなっていない。その動機は、なにか別のところにあるに違いない。

石油は戦争の主な動機ではない

では、もうひとつの理論はどうか。すべては石油の問題なのだという見方である。たしかに、石油は世界経済の回転において枢要な要素である。そしてまた、合衆国が他の諸大国と同様、できる限り石油の状況を支配に収めておきたいと考えていることもまちがいない。さらに、もしフセイン政権が打倒されれば、世界の石油事情になんらかの再編成が生じる可能性もたしかにある。しかし、これは戦争をしてまでやるべき価値のあるゲームだろうか。石油について重要なことは三つある。すなわち〔第一に〕石油産業の生み出す利潤への関与、〔第二に〕世界の石油価格の調整（それは他のすべての種類の製造部門に大きな影響をもたらす）、そして〔第三に〕石油供給へのアクセスの確保（それは潜在的には、他国のアクセスを断つことを意味する）である。三つの問題すべてにおいて、合衆国は現在、かなりうまくやっている。合衆国の石油企業は、現在、全世界の石油産業で最大のシェアを誇っている。石油価格は、サウジアラビア政府の努力を通して、一九四五年以来大半の時期において、合衆国の有利になるよう調整されてきた。そして、合衆国は、世界の石油供給について、戦略的な支配をかなりしっかりと握っている。フセイン政権が打倒されれば、これら三つの領域のいずれにおいても、おそらく合衆国の地位はさらに改善されるだろう。しかし、果たしてそのような〔すでに十分良好なものに対する〕わずかな改善は、戦争に伴う莫大な財政的・経済的・政治的コストに見合うものだろうか。まさにブッシュとチェイニーは石油ビジネスに身をおいているのであるから、そこから得られる利得がどれほど小さいものであるかはよくわかっているはずである。石油は、せいぜいのところ戦争に付随してえられる利益に過ぎず、動機はやはり別のところにある。

ではいったい何なのか。タカ派の考え方から検証してみよう。彼らは、世界における合衆国の地位が、少なくともヴェトナム戦争のころから着実に低下してきていると考えている。そして、その地位低下の基本的な原因は、合衆国政府がその世界政策において弱腰で優柔不断であったからだと信じている。（彼らは、これがレーガン政権にさえ当てはまると考えている。もっとも声高にそう主張することはあえてしないが。）彼らの目には、解決策がひとつ見えている。シンプルな解決策だ。すなわち、合衆国は力をもって自己を主張し、鉄の意志と圧倒的な軍事的優位を持っていることを示さなければならない。そうすれば、世界はあらゆる面での合衆国の優越を認識し、受け入れるだろう。ヨーロッパ諸国も、共同歩調をとってくるだろう。潜在的な核保有国も、その企てを放棄するだろう。米ドルも再び強くなり、イスラム原理主義者も、消えていくか、叩き潰されるかするだろう。そうして、世界は繁栄と高収益を謳歌する新しい時代へと入っていくであろう——。

理解しておかなければならないのは、彼らがこういったことを——まったく確実なこととして、また堅い決意のもとに——まるごと信じきっているということである。そうであるがゆえに、開戦を賢明としない世界の世論に対して、彼らは聞く耳を持たないのである。彼らタカ派が批判に耳を傾けないのは、ほかのすべての人々がまちがっており、さらに、ほどなくそのすべての人々が自らの誤りを悟るだろうと絶対的に確信しているからである。このようなタカ派の自己確信には、さらにもうひとつ注意すべき重要な要素がある。すなわち、彼らは、迅速かつ比較的容易に軍事的な勝利を収めることができる——決着は数週間程度、月単位にはならず、決してそれ以上長くはならない——と信じているということである。そのような軍事的見通しについて、合衆国およびイギリスのほとんどすべての退役将官が、公式に疑念を表明しているという事実は、端的に無視されている。タカ派（ほとんど全員が文民出身である）は、そういった疑念にこたえようともしていない。いうまでもなく、合衆国およびイギリスの現役の将官が、いったい何人、同じことを言っているのか（あるいは少なくとも内心考えているのか）わかったものではない。

イラク攻撃がもたらす四つの負の影響

　ブッシュ政権のイケイケドンドン式の態度は、世界における合衆国の地位に対して、すでに四つの大きな負の影響を出している。最低限の基本的なジオポリティクスの知識があれば、一九四五年以降、合衆国が恐れなければならない同盟関係は、ただひとつ、フランス、ドイツ、ロシア間の同盟であったということは、誰にでもわかることである。合衆国の政策は、この三国間の同盟が起こりえないようにすることを目標にしていた。そのような同盟が形成されそうな徴候がわずかでもあれば、そのたびごとに合衆国は、三国のうち少なくとも一国はそこから離反するように、策を講じてきた。これは、ド・ゴールが、一九四五〜四六年にかけて、当初モスクワに向けて意思表示を行なったときにもそうであったし、ウィリー・ブラント〔西ドイツ首相〕が「東方政策《オストポリティーク》」を宣言したときにもそうであった。三国間の同盟形成がかくも困難であったことの背景には、こういった理由がすべてかかわっていたのである。ジョージ・ブッシュは、その「障害」を取り除き、合衆国にとっての悪夢を実現させてしまった。一九四五年以来はじめて、フランス、ドイツ、ロシアの三国が、重大問題に関して、公式に、反アメリカで結集したのである。これに対する合衆国の対応は、三国間の同盟関係をさらに強化する効果を持った。もしドナルド・ラムズフェルドが、アルバニアやマケドニア、あるいはポーランドやハンガリーの支援をちらつかせれば、新しい三国同盟は震え上がるだろうなどと考えているとしたら、彼の発想はかなり素朴だといわざるをえない。

〔第二に〕合衆国にとって、パリ＝ベルリン＝モスクワ枢軸に対する論理的な対抗策は、中国、韓国、日本と、ジオポリティクス上の同盟関係に入ることであるが、合衆国のタカ派の言動は、そのような対抗策をとることを難しくしてしまっている。北朝鮮を窮地に追い込んで、かえって牙をむかせ、韓国の懸念をまじめにとりあげずに反感を買い、中国を以前にもまして猜疑的にしてしまい、日本に核武装の検討を促している。たいしたものだ。

そして〔第三に〕石油がある。世界の石油価格のコントロールは、先に述べた石油に関する三つの問題のうちで最も重要なものである。サウジアラビアが鍵を握っている。サウジアラビアは、ひとつの単純な理由から、五〇年間にわたって、合衆国のためにその役割を演じてきた。合衆国による王家の軍事的保護が必要だったからである。合衆国は戦争にまっしぐらである。明らかにその影響は、ムスリム世界に飛び火していく。合衆国のタカ派は、サウジをあからさまに軽視し、シャロンをほぼ全面的に支持している。こういったことがつみかさなって、サウジはついに、アメリカの支援が王家の存続のためというよりも、むしろ制約になってしまっているのではないかと声をあげはじめた。合衆国との結びつきを緩めることに賛成している王族の一派が、初めて優位になりつつあるようである。合衆国がサウジの代わりを見つけるのは、容易ではなかろう。ジオポリティクス上の利害からいえば、合衆国にとっては、サウジは、イスラエルよりもつねに重要であったということを忘れるべきではない。合衆国がイスラエルを支持してきたのは、〔合衆国の〕国内政治上の理由からであった。サウド〔サウジアラビア王家〕の体制を支持してきたのは、合衆国にとって彼らが必要だったからである。合衆国はイスラエルなしでも生きてはいける。しかし合衆国は、サウジからの支援なしに、ムスリム世界の政治的騒乱を生き抜いていけるだろうか。

そして第四に、過去五〇年間にわたる合衆国の諸政権は、雄雄しくも核拡散の防止を目指してきた。ブッシュ政権は、たった二年間で、北朝鮮を――そしていまやイランをも――核開発の加速へと追い立ててしまった。しかも、両国は、それを公表してはばかっていない。もし合衆国がイラクで核兵器を使用すれば――それもありうるとほのめかされているわけであるが――それは単にタブーを破るだけにはとどまらず、一〇カ国以上の国々が、確実に核兵器の配備競争に急ぐことになるだろう。

イラク戦争が合衆国にとって最高の展開を見せたとしても、合衆国は、これら四つの負のジオポリティクス上の影響は、少ししか挽回できないであろう。もし戦争がうまくいかなければ、四つの負の影響のそれぞれが、すぐにもさらに強まってくる。私は、最近クリミア戦争〔一八五三～五六年〕に関する本を読んでいる。その戦争では、イギリスとフランス

ブッシュはアメリカに何を残すか

が、ロシアの専制君主に対して、文明、キリスト教、自由を求める闘争の名のもとに戦争を起こした。イギリスのある歴史家は、一九二三年に、これらの戦争の動機について次のように記している。「イギリスの非難は、ほとんどつねにたしかに非難されるべきことに向けられていた。ただし、それが本当に起こったことなのであればの話であるが」。ロンドンの『タイムズ』紙は、一八五三年当時、戦争の最も強力な支持者のひとつであった。一八五九年、同紙の論説委員は、後悔を記している。「かくも無価値な目的にかくも多大な努力が注がれたことは、かつてなかった。いまやわれわれは、巨大な努力と限りない犠牲が、無駄に失われたことを認めることに、いささかの躊躇もない」。ジョージ・ブッシュが政権を去るとき、彼は、彼が大統領に就任したときよりも、かなり弱体化した合衆国を残すことになるであろう。彼は、ゆっくりとした衰退を、きわめて急速な衰退に転じてしまったのである。『ニューヨーク・タイムズ』紙は、二〇〇五年にも、今と同じ論説を書くだろうか。

●二〇〇三年三月一日 ……… No.108. "The Aftershock" Mar. 1, 2003

余震

西欧と東アジアからの無条件な支持をあてにできた合衆国の力は、おそらく永遠に失われてしまったものであろう。

「九月十一日」の同情を浪費したアメリカ

かりに、二〇〇一年九月十一日のツイン・タワーに対するテロ攻撃が、アメリカ国民に対する政治的地震であるとみなしうるとすれば、合衆国は依然としてその余震に苦しんでいるということになる。その余震の最も新しい、最も劇的な例は、大西洋の向こう側からやってきて、この一〇年のあいだ、ほとんど気づかれないまま進行してしまっていた地殻変動を露呈させてしまった。

九月十一日の何がかくも不安を引き起こすのかといえば、それは、合衆国が、その歴史のなかで初めて、脆弱さの感覚を持ったという事実である。合衆国本土内におけるこれほどの規模での直接の攻撃は、かつてはなかったことであり、想像もつかぬことであった。その直後の世界の大半の人々の反応は――それらの人々は長い間そのような脆弱性とともに生きてきたのであるが――強烈な同情であった。いまや古典ともいうべき、テロ翌日のフランスの『ル・モンド』紙の論説を思い出していただきたい。その見出しは、「いま、われわれはみなアメリカ人だ」であった。

一年半もたたぬうちに、ブッシュ政権は、こうした同情をすべて浪費しつくし、いまや外交的に孤立するに至っている。これが、第二の大きな衝撃、すなわち九月十一日の余震である。一九四五年以来、合衆国は、同盟諸国――西欧、カナダ、日本、韓国――との確かな関係にあることを確かめつつ、その世界政策を追求してきた。いずれかの同盟国が、なんらかの政策について、どれほどの留保を示そうとも、またそれでどれほどの混乱が生じようとも（フランスは、こういった戦術をとることで有名だったわけだが）、決定を下す瞬間になれば、それらの同盟国は合衆国に従うであろうという期待を、合衆国はつねに持っていた。

二〇〇三年の二月にいたるまで、合衆国の政府は、世界情勢における自分たちの指導力に対する、同盟諸国からのそのような抵抗は、いつもどおりのことであり、（最終的には合衆国の支持におちつくという）期待を裏切るものではないと確信していた。ところが突如、それは変わってしまった。フランスとドイツは、いまや、「反抗の同盟」を率いており、それは、ロシア、中国、そして圧倒的な世界世論の支持を受けている。二月十五日には、世界中で巨大な平和デモ行進が行われた。しかも、イラクに対する合衆国の姿勢を最も明示的に支持している三つの国――イギリス、スペイン、イタリア――において、その規模は最も大きかったのである。三月のはじめ、国連安保理事会、イラクに対する武力行使を認める米英西の決議案の投票に入る。フランス、ドイツ、ロシアの「覚書《メモランダム》」がそれに対抗するだろう。その「覚書《メモランダム》」は、実質的に、軍事行動に対する正当化がまだできていないことを主張するものである。合衆国の決議案が、たとえかりに拒否権の発動がなかったとしても、可決に必要な九カ国の賛成票を得られるかどうか、うたがわしいところである。

直接の結果としては、合衆国（とイギリス）とフランス、ドイツとの間の非難合戦である。ただその非難の声は、仏独サイドよりも、合衆国サイドのほうがはるかにヒステリックである。ジャック・シラクは、合衆国滞在経験もある保守的な政治家であり、これまで長い間、合衆国にとってもっとも友好的なフランスの政治的指導者であると思われてきた人物であるが、いまや、中傷にさらされ、諸悪の根源のように言われている。いったいいかにして、新聞で関係の修復の可能性が取りざたされ、完全な離反にいたりつつあるのかとささやかれるほどに、ヨーロッパとアメリカの関係は悪化したのだろうか。このことを理解するには、ことの最初、すなわち一九四五年から話を追う必要がある。

第二次大戦後の米欧関係

一九四五年、合衆国は完全無欠の大国であり、西欧は、戦争による経済的破壊にひどく苦しんでいた。さらに、実に西欧人口の二五パーセントは、共産党に票を投じていた。共産党を支持しない人々の大半が、真に恐れていたのは、国内の共産党と、中欧に駐留する巨大な赤軍との結合であった。それは、非共産主義国家としての国の存亡にかかわる脅威と見えたのである。西欧と合衆国との同盟関係――一九四九年のNATOの創設で具体化した――は、合衆国の帝国主義よりも、合衆国の孤立主義のほうを恐れる多数派の人々によって強力に支持された。合衆国は、ヨーロッパに超国家的組織を創設することを勧め、それを支援した。それは主として、西ドイツを同盟組織に引き入れることをフランスにとって受け入れやすくするための方策として進められた。

一九六〇年代末までに、大西洋同盟に対する西欧のあつい支持の基盤は、物質的にも政治的にもほころびはじめた。西欧経済は復活し、もはや合衆国に依存しなくなった。むしろ逆である。西欧は、合衆国の経済的ライヴァルとなりつつあった。国内の共産党の勢力も失われ始めていた。ソ連の脅威も、かなり遠のいたように思われはじめていた。その一方で、ヨーロッパが、大西洋同盟のリスクと思われるようになるにつれ、ヨーロッパに統一的制度を創設しようという合衆国の熱意も冷めはじめてきた。合衆国は、合衆国に対するイギリスの忠誠を促し、そうすることで、(当時、ド・ゴールが実際にそう非難したように)ヨーロッパの一体性を薄めようとした。さらにのちには、合衆国は、同様の意図から、(ヨーロッパの)「東方」への急速な拡大を押しつけようとした。

一九八九／九一年のソ連の崩壊は、合衆国による同盟支配の観点からすれば、破滅を示すものであった。それによって、合衆国のリーダーシップを正当化する大きな根拠は失われた。いまや西欧にとって何が脅威だというのか。合衆国は、西欧が合衆国のリーダーシップに忠誠を尽くすべき根拠として、ソ連にかわって、提示しうるものを探し求めた。合衆国が提示したのは、基本的に、「南」に対する「北」の階級利益であった。すなわち、グローバル秩序における合衆国と西欧に共通の利益、新保守主義的グローバリゼーション、「南」の諸国の軍事的封じ込め（つまり核不拡散を持続的かつ強力に主張すること）などである。

これらは、たしかに〔合衆国と西欧に〕共通の利害であった。しかし、どれをとっても、かつてのソ連の軍事的脅威の切迫性に代わるほどのものではない。そして西欧は、個別の問題への対処であれば、自分たちも、少なくともワシントンと同等に賢明で有効にやれると考えるようになった。父ブッシュおよびクリントン政権時代には、〔合衆国と西欧との間での、個別問題への対処の〕違いが深刻な議論になっていった。ただし、議論はまだ非軍事的領域にとどまっていた。そうするうちに、タカ派の子ブッシュが登場した。彼らは、イラク、パレスティナ、北朝鮮において何をするべきか、こまかい点について議論をすることに関心を持っていなかった。彼らは、なにをするべきかはわかっていると思っており、ただ西欧が、かつてのように、それを受け入れることを――つまり疑問の余地のない合衆国のリーダーシップを――確かめたいだけであった。彼らは、ヨーロッパ――〔アメリカへの〕移民たちが捨ててきた土地――に対する古いアメリカ的な軽蔑感を受け継いでいた。

西欧・東アジアに見られるジオポリティクスの変動

しかしながら、ジオポリティクスの現実は、今日、まったく異なるものとなっている。西欧は、ブッシュの対イラク政策が、サダム・フセインに対してだけではなく、自分たちに向けられたものであると感じている。彼らは、ブッシュが、強力で政治的に自立的なヨーロッパの可能性を――まさにいま、そのヨーロッパをひとつの政体としてたちあげるきわめてデリケートな時期に――破壊しようとしていると見ている。さらに、フランスにおける社会党の敗北とドイツにおける社会民主党の勝利とは、ともにブッシュにとってつまずきとなった。フランスでは、社会党が敗れたことで、大統領の権力が決定的となった（というのも、少々変わった憲法上の規定によって、大統領は、他党から出た首相と権力を分け合う必要がないからである）。シラクは、フランスの国益が、留保なきド・ゴール主義の主張にあると見た。この点において、シラクはフランス世論および政治家たちの圧倒的支持を得ている。これは、社会党の首相が決して得られなかったものである。他方ドイツでは、現在ドイツ政府がとっている明確な立場をとりえたのは、社会民主党＝緑の党同盟だけであり、それは政治的に報われたのである。

「古いヨーロッパ」がいかに孤立しているかを言い散らすラムズフェルドの言葉には、

まったく根拠がないことが、これでおわかりいただけよう。東欧も含めて、ヨーロッパには、世論が合衆国の立場に反対していない国など、一カ国として存在していないのである。予防戦争を唱導し、単独ででもそれを遂行しようとするような合衆国は、包囲され、圧力下にあるサダム・フセインよりもはるかに危険だとみなされているのである。ヨーロッパは反アメリカなのではない。反ブッシュなのである。こうしている間にも、同じことが東アジアで起こりつつある。日本、韓国、そして中国が、合衆国の北朝鮮政策に対して同盟しつつある。

もはや昔に戻ることはない。いま起ころうとしていることは、イラク戦争の実際の軍事的過程に大きく左右される。ヨーロッパは、きわめて強力になっているかもしれないし、逆にぼろぼろになっているかもしれない。しかし、西欧と東アジアからの無条件な支持をあてにできた合衆国の力は、おそらく永遠に失われてしまったものであろう。

●二〇〇三年三月十五日　No.109. "Bush Bets All He Has" Mar. 15, 2003

すべてを賭けたブッシュ

合衆国がイラクにおいてすみやかな軍事的勝利を収めたとしても、やはり、ジオポリティクス的には現状がそのまま残るだけなのである。

イラク攻撃を決定した二つの狙い

合衆国は深刻な窮地に立たされている。合衆国大統領は、とてつもない賭けに出てしまった。しかも、根本的に弱い立場から、その賭けにのってしまった。彼は一年ほど前に、合衆国がイラクに対して戦争を行なうことを決定していた。その目的は、合衆国の圧倒的な軍事的優越性を示し、二つの主要な目標を達成することであった。その二つの目標とは、(1) 潜在的に核開発を行なおうとしているあらゆる勢力を威嚇して、その計画を放棄させること、(2) ヨーロッパが世界システムにおいて自律的な政治的役割をもつという考え方を叩き潰すこと、である。

ここまでのところ、ブッシュの不首尾は顕著である。北朝鮮とイラン（および、おそらくまだ明るみに出ていない他の諸国）は、実際のところ、核開発計画を早めている。フランスとドイツは、ヨーロッパの自律性のなんたるかをすでに示し始めている。そして合衆国は、安保理において、第三世界の六つの理事国のいずれからも、対イラクの第二の決議への票を獲得できていない。かくして、無謀なばくち打ちのように、ブッシュは丸裸にされる寸前に陥っている。彼らは、すぐにも戦争を開始するであろう、そして圧倒的で速やかな勝利の達成に賭けるであろう。その賭けはきわめてシンプルだ。ブッシュは、合衆国がそのような軍事的成果をあげるだろうと信じており、核開発国とヨーロッパ諸国はともども自らの行ないを悔い改め、将来的には合衆国の決定を受け入れるだろうと信じている。

軍事的帰結には、二つの可能性がある。ブッシュが望んでいる（そしてそうなると考えている）可能性と、それとは違う可能性だ。ブッシュがすみやかにイラクの降伏を達成する可能性はどの程度であろうか。ペンタゴンは、合衆国は兵器で勝っており、すみやかにイラクの降伏を達成できると述べている。〔しかし〕何人もの――アメリカ軍とイギリス軍の両方の――退役将官たちが、懐疑的な声をあげている。私の推測では（個人的にはそれしかないと思っているのだが）、迅速で完全な勝利という帰結の可能性はあまりないだろう。イラク指導層の絶望的な決意にイラク・ナショナリズムの勃興とクルド人のサダム打倒へ向けての士気の低さ（わざわざそう宣伝されているのは、クルド人たちがサダム・フセインを憎んでいないからではなく、クルド人に対する合衆国の意図に対して、根深い不信があるからである）とが組み合わさって、合衆国が、週単位で戦争を終結させるのは、きわめて困難だろうと思われる。おそらく戦争は、数カ月はかかり、そしてそれほどの時間がかかれば、成り行きの予測などそうつくものではない。まずもってイギリス、そして合衆国内の世論の風向きはどうなるであろうか。

迅速な勝利も引き分けでしかない

それにもかかわらず、合衆国がすみやかに勝利をおさめると仮定してみよう。私に言わせれば、その時点でも、ブッシュは、ただ引き分けただけだ。勝者でもなく、敗者でもない。なぜそういうことになるのか。なぜなら、その勝利の時点では、〔世界システムの〕ジオポリティクスの状況は、〔開戦前の〕今と多かれ少なかれ同じままで変わらないからである。まず、その勝利の次の日にイラクに何が起こるのかという問題がある。最低限言いうることは、「わからない」ということだ。そもそも合衆国自身も、なにをしたいのかについて明確なヴィジョンをもっているのかどうか、まったく明らかではない。われわれに確かにわかっているのは、そこでぶつかりあう諸々の利害が、多元的で、多様で、まったく調和が不在であるということでしかない。これは、無秩序的混沌へ向かうシナリオである。合衆国が戦後の意思決定において重要な役割を果たすのなら、軍を長期間にわたって駐留させ、多額の〔きわめて多額の〕費用をまかなう必要がある。合衆国の経済および国内政治の状況を見れば、ブッシュ政権が長期的な軍の駐留を実現するのはきわめて困難であり、そのような政治的ゲームに必要な費用を捻出するのは、さらに困難であるということは、誰の目にも明らかである。

くわえて、世界が直面する他のすべての問題は、手つかずのまま残っている。まずパレスチナ国家の建設へ向けて、なんらかの進展がある可能性は、今よりもさらに低くなるであろう。イスラエル政府は、合衆国の勝利をもって、自らの強硬路線を正当化するものと捉え、そのままさらに強硬路線に走るであろう。アラブ世界は、さらに怒りを深めるだろう(すでに怒りは限界を越えているのだが)。イランはまちがいなく核開発の努力をやめないであろう。おそらくは、むしろサダム・フセインの退場によって、同地域において増長してくるものと思われる。北朝鮮は、挑戦的な態度を強めてくるだろうし、韓国は、合衆国との同盟、および合衆国の好戦的な傾向に不快感を強めていくだろう。そしてフランスは、かたくなな態度をとり続けるだろう。というわけで、合衆国がイラクにおいてすみやかな軍事的勝利を収めたとしても、やはり、ジオポリティクス的には現状が——その「現状」がタカ派の望むものでないことはたしかである——そのまま残るだけなのである。

では、軍事的勝利が速やかには得られなかったとしたら、どうなるのだろうか。その場合は、合衆国にとって、すべてがジオポリティクス的な破滅へと帰す。地獄が口を開き、合衆国はその将来の成り行きに対して、言ってみればイタリア程度の影響力しか残せないであろう。つまり、まったくたいした存在ではなくなってしまうということである。なぜそういうことになるのか。何が起こるかを考えてみよう。まずイラクだ。イラクの抵抗によって、サダム・フセインは一転、英雄となる。そしてフセインは、まちがいなく、そのような〔民衆〕感情の利用の仕方を心得ている。イランとトルコはともども、北部のクルド人地域に派兵し、おそらく、最終的には、そこで互いに武力衝突を起こすであろう。クルドは、その時点では、イラン側につくかもしれない。もしそうなったとすると、イラク南部のシーア派諸集団は、合衆国の軍事的努力に対して距離をとっておこうとするだろう。サウジは、歓迎されざる仲介人を買って出てくるかもしれないが、おそらくそれは、両陣営から拒絶されるだろう。

中東問題の激化の可能性

中東のその他の地域では、おそらくヒズボラがイスラエルを攻撃するだろう。するとイスラエルは反撃して、おそらくレバノン南部を占領しようとするだろう。そうなれば、シリアも、ヒズボラ救援のため――さらに一般的な観点から言えば、レバノンにおける自らの役割を確保するために――参戦してくるだろうか。かなりありうることだろう。しかし実際にそうなったら、イスラエルはダマスカスを爆撃(核爆撃の可能性もある)するだろう。となれば、エジプトは黙っているだろうか。そして、そう、あの男がいたではないか。オサマ・ビンラーディンが、彼の常套の行動にでることは疑いない。

そしてヨーロッパはどうであろうか。イギリスでは、おそらく、労働党内に大きな反乱が起こり、党の分裂という結果を招くかもしれない。ブレアは労働党を割って出て、保守党と救国同盟を形成するかもしれない。そうすれば、彼は首相ではいつづけられようが、次の選挙では、大きな圧力下に置かれることになり、おそらく負けるであろう。しかも惨敗するだろう。すると、ちょっとした問題がもちあがる。ブレアは、法律顧問から警告を受けるだろう。もしイギリスが国連の明示的な承認なしにイラクとの戦争に突入すれば、彼は、〔国際法違反で〕国際刑事裁判所に引きたてられる可能性があるのだ。スペインにおけるアスナールの選挙の見通しも、スペインの立場に対する彼の党内の広範な反対を見れば、ブレアと似たり寄ったりだ。ベルルスコーニや中欧／東欧諸国も、背筋が寒くなってくるだろう。

東アジア・ラテンアメリカの離反

他方、ラテン・アメリカでは、アメリカ自由貿易圏（FTAA／ALCA）構想からの離反が起こるだろう。それにかわって、〔ブラジルの〕ルラ大統領が、貿易・通貨組織としてメルコスール（南米南部共同市場）の再活性化を推進するであろう。そうすれば、そこにチリも参加する可能性がある。メキシコでは、フォックス大統領が、深刻な窮地にたたされるだろう。東南アジアでは、現在のところ本質的に親米的な政権にある二つの巨大なムスリム国家（インドネシアとマレーシア）が、ヨーロッパに倣って、自律的な行動をとりうる圏域の創設を目指すかもしれない。またフィリピン政府には、在比米軍の撤収を求める大きな圧力がかかっている。そして中国は、日本に対して、「もし東アジア地域において経済的な将来を維持したいのなら、合衆国との政治的結びつきを緩めよ」と言ってくる可能性が高い。

これらすべてが起こったら、二〇〇四年のはじめごろ、ブッシュ政権は、いったいどんな立場におかれているであろうか。合衆国においては、急速に拡大する反戦運動に直面させられているであろう。その結果、民主党は、ブッシュの世界政策に対して、現実的に意味のある反対勢力に戻っているかもしれない。そうなれば、おそらく、民主党は選挙に勝つであろう。

以上がすべて現実のこととなったら、けだしブッシュは体制変更をなしとげることになるであろう。ただしそれは〔イラクではなく〕、イギリス、スペイン、そして合衆国における体制変更である。そして合衆国はもはや、無敵の軍事超大国とはみなされなくなっているだろう。かくして、最初に戻るが、ブッシュは、もし勝てば、彼の望みにはほど遠い現状のジオポリティクスにいきあたり、もし敗れれば、それはまさに敗北である。あまり良い配当は期待できない。将来の歴史家は、「九月十一日後の合衆国は、そのような不可能な立場に立つ必要はなかった」と記すことであろう。

●二〇〇三年四月一日 …………………………… No.110. "The End of the Beginning" Apr. 1, 2003

始まりの終わり

イラク戦争によって、世界は、新しい世界無秩序の始まりの終わりを画しつつある。

アメリカのヘゲモニーを支えた三つの要素

第二次世界大戦で連合軍が攻勢に転じたとき、ウィンストン・チャーチルは、その戦闘が終わりの始まりとなるのかと尋ねられた。彼の答え――それは名セリフとなった――は、「いや、しかし始まりの終わりではあるかもしれん」であった。イラク戦争によって、世界は、新しい世界無秩序――それは、一九四五年から二〇〇一年まで合衆国が支配していた世界秩序のあとに現れた――の始まりの終わりを画しつつある。

一九四五年に第二次世界大戦が終わり、あらゆる分野で圧倒的な力を示した合衆国が、世界システムのヘゲモニーをにぎる超大国となった。世界システムが確実に意のままに働くようにするため、合衆国は一連のしくみをおしつけた。そのしくみをつくりあげる上で鍵になる制度が、国連安全保障理事会、世界銀行、ＩＭＦといった国際機関や、ソ連と結んだヤルタ協定である。

合衆国がこうしたしくみを作り上げることができたのは、次の三つの事情による。（1）国内の産業が圧倒的な経済効率で他国を制したこと。（2）NATOと日米安保条約に代表される同盟関係を〔主要な〕国々と結んだこと。これで合衆国は、国連など国際政治の舞台で、確実に同盟国の支持を得ることができるようになった。この関係は、イデオロギー的なレトリック〔いわゆる「自由世界」〕でさらに強化され、合衆国の同盟諸国は、額面どおりにそのイデオロギーにコミットした。（3）核兵器の開発競争を制した合衆国が、軍事面で絶対に有利な立場に立ったこと。同時に〔核で合衆国に対抗できる〕ソ連とは、いわゆる冷戦の時代を通じて〔たがいが壊滅するのを恐れ〕核兵器が使えないという「恐怖の均衡」を保った。

このシステムは、当初、非常によく機能した。合衆国は、一〇〇回求めれば九五回の機会において、その要求の九五パーセントは手にすることができた。ただ一つの障害は、利益にあずかれない第三世界の国々が抵抗したことだった。中国とベトナムがもっとも注目される例である。中国が朝鮮戦争に参戦したからこそ、合衆国は開戦の時と同じ地点〔まで軍を引いたところ〕で、停戦に甘んじなければならなかった。ベトナムはついに合衆国を打ち負かした。これは世界政治に占める合衆国の地位を大きくゆさぶっただけでなく、〔金本位制と為替の固定相場制を終わらせることになったわけであるから〕合衆国の経済にも劇的な影響を与

ヘゲモニーへの三重の衝撃

えた。

合衆国のヘゲモニーにさらに大きな打撃を与えたのは、〔一九四五年以降の〕二〇年の間に西欧と日本が目ざましい発展をとげ、合衆国とほぼ対等の経済力を持ったことである。世界の経済は三極化し、そこに生産と金融が集中した。こうして三極間で資本の蓄積を目ざす不断の長い競争が始まった。そして一九六八年の世界革命が起きた。その結果、合衆国のイデオロギー的立場は、（かたちの上で対極にあるソ連のイデオロギー的立場と同様に）根底からくつがえされた。

ベトナム戦争、西欧と日本の経済発展、一九六八年の世界革命――この三重の衝撃で、合衆国が世界システムのヘゲモニーを（機械仕掛けのように）たやすく維持できる時代は終わった。合衆国の衰退が始まる。このジオポリティクス上の変化に対応して、合衆国はできるかぎり衰退を遅らせようと努力した。これで合衆国の世界政策は新しい段階に入り、（レーガンも含め）ニクソンからクリントンにいたるすべての大統領がそれを実行しようとした。

その政策の核心には、三つの目標があった。すなわち、（1）ソ連の脅威の持続を声高に唱えることによって、西欧と日本が合衆国に対する忠誠を失わないようにし、同時に西欧と日本の政策決定に口出しすること（これが、日米欧三極委員会とG7を通じた、いわゆる「パートナーシップ」である）、（2）大量破壊兵器の「拡散」を阻止し、第三世界を軍事的に無力にしておくこと、(3)ソ連＝ロシアと中国が相争うようにしむけて、両国を不安定な状態にしておくこと、の三点である。

この政策は、ソ連の崩壊まではなかなかうまく行っていた。しかしソ連がなくなると、政策の要である第一の目標が成り立たなくなった。一九八九年以降のこうした世界情勢が背景となって、サダム・フセインはクウェートを侵略するという賭けに出ることができたのである。フセインは、米軍に〔バグダッド〕侵攻を思いとどまらせ、開戦時の国境線で停戦を結ぶことに成功した。第三世界であれほど数多くの国が崩壊したのも、そして激しい内戦を止めたり防いだりするために、合衆国と西欧がともども、基本的には勝利のありえない試みに取り組まざるをえなかったのも、このポスト一九八九年的なジオポリティクス状況が原因である。

資本主義的世界システム自体が危機を迎えている

この分析には、もう一つの要素を付け加える必要がある。すなわち資本主義的世界システムの構造的危機である。これについては、『ユートピスティクス――二十一世紀の歴史的選択』という私の本に詳しく書いた。ここでは紙面に余裕がなく、いちいち論拠を挙げることができないので、同書の結論だけをまとめておこう。過去五〇〇年間つづいてきた今のシステムでは、資本の蓄積を長期にわたって続けられるという保証がもはやできなくなった。そのため、私たちは混沌の時代を迎えた。経済的、政治的、軍事的諸状況において〔ほとんど制御不可能な）荒々しい変動が起きる。そして、混沌はシステムの分岐《バイファケーション》へと進んでいく。分岐《バイファケーション》は、（今後五〇年ほどにわたって世界がつくりあげていく）来るべきシステムのかたちについての、世界の人々の集合的な選択をその本質としている。新しいシステムは、資本主義的システムとはならず、二つの可能性のうちのひとつとなるだろう。ひとつは既存のシステムとは異なるものでありながら、今と同じ程度か、もっと劣悪なヒエラルキーに基づく不平等なシステムであり、もう一つは、実質的に民主的で平等主義的なシステムである。

合衆国のタカ派は資本主義を危機から救おうとしているのではなく、もっと劣悪な別のシステムに置き換えようとしている。この事実を把握しておかないと、タカ派の政治を理解することができない。彼らは、ニクソンからクリントンまで続いた合衆国の世界政策は、もう効果がないばかりか破滅を招くだけだと考えている。効果がないのは、おそらく確かだろう。しかしそのかわりとして短期的にタカ派が進めようとしている政策は、あらかじめ計画して他国に軍事介入することである。彼らは、自らの利益を追求するためには、最もマッチョな攻撃性を示すしかないと信じて疑っていないのだ。（私は、それが「合衆国の利益」とは言っていない。そうだとは思えないからだ。）

二〇〇一年九月十一日、オサマ・ビンラーディンが合衆国への攻撃を成功させた。歴史上ほんとうに初めてのことだが、この事件のおかげで、合衆国のタカ派は、政府の短期的な政策を決定できる立場に立った。彼らはただちに、対イラク戦争の必要性を訴えた。それが彼らの中期計画を実行する上での第一段階になると考えてのことだった。われわれは今このポイントまで来たわけである。戦争は始まった。始まりの終わりと私が言ったのは、このゆえである。

私たちはここからどこへ向かうのか？　それはある程度まではイラク戦争の帰趨にかかっている。開戦から一週間たつが、明らかにタカ派たちが思い描いていたほどの戦果は上がっていない。どうやら、ずるずると長引く血なまぐさい戦争になりそうだ。おそらく合衆国は（確実にとは、とても言えないが）サダム・フセインを打倒するだろう。しかし、問題はそこから始まる。山積みとなる問題については、前回のコメンタリー〔No.109〕「すべてを賭けたブッシュ」で詳しく述べた。

戦争が合衆国のタカ派にとってうまくいかないと、彼らは破れかぶれになる一方である。これまで以上に強く自分たちの政策を押し進めようとするだろう。そこには、短期的な二つの優先的目標がある。ひとつは、核兵器を持つ可能性のある（北朝鮮やイランなど）第三世界の国々を攻撃すること、もう一つは、合衆国の国内に抑圧的な警察機構を設置することである。この目標を確実に達成するためには、彼らはつぎの〔大統領〕選挙で勝つ必要がある。タカ派の経済計画を見ると、まるで合衆国を破産させようと狙っているようだ。そんなつもりはまったくないのだろうか。それとも合衆国の資本家階級の中枢に自分たちの計画の完全な実行を阻もうとする勢力があると見て、〔経済的な〕打撃を与えたいのだろうか。

今この時点で明らかなのは、世界の政治的闘争が激しくなるということだ。一九七〇年から二〇〇一年までつづいた合衆国の世界政策にしがみついている人びと——合衆国内の共和党穏健派や民主党上流階級のみならず、西欧で（たとえばフランスでもドイツでも）タカ派に抵抗している人びと——は、これまで味わったことがないような、大きな苦痛を伴う政治的選択を強いられるかもしれない。概して言えば、このグループに属する人びとは、世界情勢を分析する上で中期的明晰さに欠けていた。いずれタカ派は消え去ってくれるだろうと、欺瞞的な希望に身を任せていたのである。そんなことはありはしない。しかしながら、彼らと対決し、打ち破ることは不可能ではないことである。

訳者あとがき

本書は、世界システム論の提唱者であるイマニュエル・ウォーラーステインが、自ら所長を務めるビンガムトン大学（ニューヨーク州立大学ビンガムトン校）フェルナン・ブローデル・センターのウェブサイト（http://fbc.binghamton.edu/commentr.htm）上で、毎月二回（一日と十五日）発表している時事評論《コメンタリー》のうち、二〇〇二年一月一日分（№80）から二〇〇三年四月一日分（№110）までの三一本を訳出・収録したものである。

ウォーラーステインによる、このウェブ上の活動は、一九九八年十月一日から始まっており、同日付の時事評論（№1）から二〇〇二年一月十五日分（№81）までについては、構成の都合で採録できなかった六本を除いた七五本が、『時代の転換点に立つ』（藤原書店、二〇〇二年）として、すでに拙訳で刊行されている。

つまり本書は、基本的に、この『時代に転換点に立つ』の続編にあたるわけであるが、同時に、収録されている時事評論《コメンタリー》の発表時期が、ちょうどポスト・タリバンのアフガニスタン政権成立後から今般のイラク戦争にいたる時期にあたっており、それにともなって、ブッシュ政権の対外政策姿勢を批判する論評が内容の中心になっているので、いわば「ウォーラーステインによる新保守主義《ネオ・コンサバティヴ》批判」の書としても読める構成になっている。

本訳書の企画自体は、昨年（二〇〇二年）十月に、ウォーラーステインが来日した折に、編集部および訳者との間で持たれた話し合いの席でもちあがったものである。前作である『時代の転換点に立つ』の好評――訳者のもとにも、既存の教科書化されたウォーラーステインの像を大きく超えるアクチュアリティを感じたという感想が少なからず寄せられた――を受け、今後できるだけ短いスパンで定期的に刊行して行こうということで、一応の合意ができあがった。

その合意を受けて、本書は、今後の年度単位での刊行を念頭に編まれたものである。すなわち、二〇〇二年度分に当たる二〇〇二年四月一日分から二〇〇三年三月三十一日分（№86〜109）を核として、それに先行する未訳部分の二〇〇二年二月分および三月分（№82〜85）も収録し、さらに前作とのつながりや内容の区切りなどの判断から、同年一月分の二本（№80〜81）も再録することとした。また訳出作業の終了近くになって、いわゆる「イラク戦争」の帰趨に一応の区切りがつき、それを受けて、二〇〇三年四月一日分（№110）も、急遽付録として収録することとした。

本訳書の作成にあたっても、実にさまざまな方のご協力に助けられた。まず訳出にあたって、前作でも下訳の作成に力を貸してくださった千田啓之氏と滝口良氏は、前回にまして迅速に良質な下訳を提供してくださった。両氏はともに、私が所属する北海道大学大学院文学研究科歴史文化論講座に大学院生として在籍しておられ、千田氏は、サイバー空間における社会運動の展開について、滝口氏は、モンゴルの遊牧社会を中心とした儀礼と近代化の問題について、それぞれ専門的な研究に精力的に取り組んでおられる。彼らのようなすばらしい協力者が得られるのも、この歴史文化論講座が、多様な専門を持つ研究者に大きく開かれ、オープンな交流が日常となっているがゆえのことである。二人に感謝すると同時に、この恵まれた環境にもおおいに感謝したい。

また、本書に収められた時事評論《コメンタリー》のうちの、二〇〇二年八月一日分（№94）の「日本と世界システム」は、もともと講談社から刊行された『ニッポンは面白いか？』（講談社選書メチエ）に向けて書かれ、私が翻訳したものである。講談社選書メチエ編集部のご厚意で本書に再録がかなった。同編集部にお礼を申し上げたい。

さらに、No.80、81、83、85、86、91、92、102、110に関しては、安濃一樹・別処珠樹の両氏が、『週刊金曜日』などの媒体に、すでに翻訳を発表されているほか、No.107についても、日本経済新聞（二〇〇三年三月二十四日朝刊「経済教室」欄）に翻訳が掲載されている。本書では、全体の文体の統一の必要などから、これら既訳があるものについても、私の文責で再度訳文を構成したが、それぞれ工夫にあふれたこれらの既訳からお借りした知恵も少なくはない。記して謝意を表したい。

藤原書店の刈屋琢氏には、『リオリエント』、『新しい学』、『時代の転換点に立つ』に続いて、今回で四度、お世話になっている。今回もまた、心ならずも、彼にずいぶんな無理を強いてしまい、お詫びの申し上げようがない。しかし彼は、それにもかかわらず私の要望や意見をつねに最大限尊重してくださり、そればかりかかえって、小見出しや目次などで、随所に行き届いた工夫を提案してくださり、心から感謝している。

そして、藤原書店の藤原良雄社長にもお礼を申し上げなければならない。世界システム論の学徒として、ウォーラーステインの作品を安定的に日本語の読者と共有できる基盤を提供してくださる藤原書店の存在は大変ありがたいものである。この時事評論《コメンタリー》をはじめ、今夏には米国で新著も予定されており、ウォーラーステインの執筆活動はまだまだ旺盛である。私としても、今後ひきつづき、微力を尽くしたいと思う。

西暦二〇〇三年五月　札幌

山下範久

著者紹介

イマニュエル・ウォーラーステイン
(Immanuel Wallerstein)

1930年生。ビンガムトン大学フェルナン・ブローデル経済・史的システム・文明研究センター所長。1994-98年，国際社会学会会長。1993-95年には社会科学改革グルベンキアン委員会を主宰，そこで交わされた討論リポートを『社会科学をひらく』（邦訳1996年，藤原書店）としてまとめた。世界システムの理論構築の草分けとして知られ，『近代世界システム』全3巻（邦訳、岩波書店・名古屋大学出版会）の著作は著名。
著書に『ポスト・アメリカ』（1991年）『脱=社会科学』（1993年）『アフター・リベラリズム』（新版2000年）『転移する時代』（1999年）『ユートピスティクス』（1999年）『新しい学』（2001年）『時代の転換点に立つ』（2002年，以上藤原書店）など。

訳者紹介

山下範久（やました・のりひさ）

1971年大阪府生。ビンガムトン大学社会学部大学院にてウォーラーステインに師事，東京大学大学院総合文化研究科博士課程単位取得退学。現在，北海道大学大学院文学研究科助教授。専攻・世界システム論。
著書に『世界システム論から読む日本』（2003年，講談社選書メチエ）など，訳書にフランク『リオリエント』（2000年）ウォーラーステイン『新しい学』（2001年）『時代の転換点に立つ』（2002年，以上藤原書店）など。

世界を読み解く　2002-3

2003年6月30日　初版第1刷発行©

訳　者　山　下　範　久
発行者　藤　原　良　雄
発行所　株式会社　藤　原　書　店

〒162-0041　東京都新宿区早稲田鶴巻町523
電　話　03（5272）0301
FAX　03（5272）0450
振　替　00160-4-17013

印刷・製本　図書印刷

落丁本・乱丁本はお取替えいたします
定価はカバーに表示してあります

Printed in Japan
ISBN4-89434-341-X